高效沟通心理学

胡志泉◎著

吉林出版集团股份有限公司

图书在版编目（CIP）数据

高效沟通心理学 / 胡志泉著 . —长春：吉林出版集团股份有限公司，
2017.10

ISBN 978-7-5581-3647-4

Ⅰ.①高… Ⅱ.①胡… Ⅲ.①人际关系学—社会心理学—通俗读物
Ⅳ.① C912.1-49

中国版本图书馆 CIP 数据核字（2017）第 242958 号

高效沟通心理学

著　者	胡志泉	
策划编辑	宿春礼	
责任编辑	齐　琳　史俊南	
封面设计	颜　森	
开　本	710mm×1000mm　1/16	
字　数	230 千字	
印　张	14	
版　次	2018 年 3 月第 1 版	
印　次	2019 年 5 月第 2 次印刷	

出　版	吉林出版集团股份有限公司
电　话	总编办：010-63109269
	发行部：010-69584388
印　刷	三河市东兴印刷有限公司

ISBN 978-7-5581-3647-4　　　　　　　　　　定价：32.00 元
如出现印装质量问题，调换联系电话：010-82865588

前 言
PREFACE

当心灵与心灵发生碰撞时，必将产生一种火花，我们把这种心灵的火花叫作"沟通"。没有联系与沟通，就没有世界。沟通与人们生活的各个层面息息相关，它对我们的个人成长、心理、生活、学习、人际关系及其事业发展等都有重要作用。当我们准备进入工作领域，以及与他人进行深层次的交往时，沟通对我们的成功是最为重要的。

沟通使人们有组织的活动统一起来，沟通也是改正行为、引起变化、达到目标的手段。不论是个人、家庭，还是企业，进行有效沟通都是绝对重要的。

沟通有助于我们健康成长。

著名心理学家马斯洛提出的人类需求层次论，说明人类基本的需求依次是生理需求，包括食物、水、空气等需求；安全需求，即安全感；社交需求，即爱与归属感；尊重需求；自我实现需求。在这五种需求中，越是处于底层的需求越容易满足，越是高层的需求，则越不容易达到。

此外，这五种需求之中，除了生理需求，其余四者都属于心理需求。而四种心理需求的满足大都有赖于与他人的互动，其中以安全感、爱与归属感最为明显。当然，互动是有赖于沟通才能完成的。

以安全感的满足来说，封闭自己与世界隔绝或是缺乏沟通的对象，是无法产生安全感的。换言之，安全感来自沟通与互动，沟通的对象形成一种伴侣，是安全感的来源。

人是社会性动物，自我意识和各种智能都是社会性的产物。人只有置身于社会环境中，通过社会获得支持性的信息，才能不断得以纠正错误和发展。反之，如果剥夺其与人沟通的机会，这个人的身心就会受到极大的伤害。

心理学家从不同的角度进行了大量研究，结果都证明，心理健康水平越高即个性越健康，与人交往就越积极主动，人际关系也越融洽，也越符合社会期望，其工作绩效也越大。

沟通有助于事业成功。美国心理学家加纳基于神经心理学的研究成果，提出人类智力多元论，即人类有七种智力：语言智力、音乐智力、逻辑智力、空间智力、运动智力、人际关系智力和内省智力。其中直接与沟通相关的如语言智力，其象征系统就是口述和文字语言的表现；而人际关系智力包括领导能力、交友能力、解决纷争的能力、分析社会生态的能力。加纳对人际关系智力的定义是："能够认知他人的情绪、性情、动机、欲望等，并能做出适度的反应。"

现实生活中，我们经常会发现：有的人专业水平很高，但是他的想法却很难得到别人的理解和认可。究其原因，就是他们缺乏沟通的能力。因此，许多人都坚信，有效的沟通是我们在工作和事业上取得成功的关键。

有效的沟通还能促进成功的合作。缺乏合作意识和能力对于个人和团体的利益来讲是最大的阻碍。生活充满了矛盾，处处需要合作。我们有时需要服从别人，有时也需要说服别人，有时还需要用适当的方法去推销自己的想法和看法。这就要求每一个人都要尽可能地学习与他人沟通的技能，这在生活中非常重要。

通过沟通，我们能够发现他人的需要和表达我们自己的需要。任何相互关系都需要开放的沟通渠道，因为这样我们才能自由地表达思想和感情。因此，要想使得我们的工作或生活更加精彩，就要学会有效地沟通。

综上所述，心灵的健康成长、事业的辉煌成就、合作的成功共赢，都需要我们进行人与人之间的沟通。人是社会的产物，是社会的一员，这就注定了人际关系是社会生活的重中之重。现代社会飞速发展，更是要求人们在工作上彼此协作，在生活上守望相助。

沟通是一种语言智慧，体现的是一个人的情商。在智商和情商之中，情商显然更大程度地影响人们的生活，左右人们的工作，甚至决定人们的命运。由此可见，以高情商的姿态出现在众人面前，给自己建立良好的人际关系，才是畅意生活的法宝。当然，与人交流并非只是简单地说话。所谓沟通，不但要说话，更要达到说话的目的，这就需要我们掌握很多沟通技巧。但更重要的一点是，要想把话说到别人心里去，要想让自己的话一针见血、直指人心，我们首先应该了解人们的心理，并以心理学常识为基础，进一步掌握沟通的艺术。

心理学能够帮助我们更好地了解他人的心理，从而为与他人更好地沟通打下基础。当然，任何学科都不可能脱离实际，心理学也是如此。很多心理学的理论知识，唯有学以致用，才能发扬光大。这一切都需要我们灵活掌握与变通处理。

为了帮助大家了解心理学在人际沟通中的重要作用，更快更好地掌握沟通心理学，成为一个受欢迎的沟通高手，我们精心编著了《高效沟通心理学》这本书。本书从沟通与心理学的层面入手，以沟通心理、沟通原则、肢体语言、说服、赞美、幽默以及应聘面试、职场应对、社交救场、求人办事等细节与实战场景为切入点，语言通俗，案例翔实。

　　希望读者通过阅读本书，能够解决沟通障碍，在社交场合游刃有余，成为受欢迎的社交明星。那么，现在就让我们进入沟通心理学的神奇世界吧。

目 录
CONTENTS

第三章
观人猜心，肢体语言会说话

第四章
心理博弈，不动声色占主动

第五章
移情换位，难缠之人好应对

第六章
由嘴及心，在瞬间说服对方

第九章

听言辨心，面试过程获好感

第十章

妙言破心，开启职场晋升路

第一章

读心用情，没有谈不成的事

拥有健康心理，沟通顺畅无比

随着对沟通深入研究的进行，人们发现心理因素对沟通起着巨大的作用，直接影响到沟通的进行。心理研究表明：即使一个心智健全的人，也不可能毫无心理问题，只不过程度有轻重之别而已。

我们随时都在对自己的不良心理进行矫正。然而，心理并无定律，由于环境不同，自身条件不一，不同人的心理意识就存在一定的差别。有的人情操高尚，积极进取；有的人精神空虚，行为怪异；有的人无端恐惧，自我设限；有的人命运坎坷，成功难遇。为什么不同的人之间会有如此大的差异？心理学家认为其中最重要的一点是每个人的心理不同，即健康心理和病态心理。拥有健康心理的人，不会让自己深陷一种不幸与痛苦之中，以获取人生的幸福快乐与成功。

那么，什么是健康的心理呢？健康的心理是一种对任何人、情况或环境所把持的正确、诚恳而且具有建设性，同时也不违背法律和人类权利的思想行为或反应。在人际沟通中，健康的心理是进行成功的沟通不可或缺的要素。

刚迈上工作岗位的小王外表看起来很讨人喜欢，但是跟她谈过话的人，却总会说，小王全身散发着一股冰冷的味道，这种说法表面看来夸张了点，但是她那难得一笑的脸庞，的确令人颇感疏远。

在公司里，小王经常是深沉、恬静的，让人不知该找什么样的话题与她交谈，有时鼓足了勇气和她闲话家常，却又会被她出奇平淡的反应给打住了。

虽说如此，但是她做起事来依然有板有眼，能干可靠，不过她却不喜欢身居高位，有几次总经理想提升她，都被她婉拒了。

最近几个星期以来，小王显得更加忧郁，成天沮丧、萎靡不振、愁眉不展，对外界的一切活动更是提不起劲，这些情况公司同事看在眼里，很为她担心。

案例中小王就属于心理存在一定程度问题的类型。这种类型的人不愿与人打交道，不愿意与人家沟通，因此，她的人生道路必定会有许多曲折。

现实生活中，有些人之所以不愿意与人沟通，很大一部分原因是心理素质不过关。怎样才能提高心理素质，开始积极的人生呢？下面有几点建议值得人们好好琢磨。

1. 克服自卑心理

心理学上将自卑列为人性格上的一个缺憾。自卑就是一个人对自己做出偏低的评价，总觉得不如人，因而悲观，丧失信心的一种表现。

比如，在生活中，很多人缺少某种能力，却认为他人都拥有那种能力，这是经常发生的事。我们当中很多人会因此感到自卑，与自己过不去，轻视自己，这是许多悲剧的根源所在。

我们希望像他人那样去生活，买相同的衣服、相同的家具，像他们一样说话、做事。我们将自我置于别人的人格之下，鞭打自己的灵魂，批判自己。无限夸大别人的能力，这种夸大又反衬出自己的渺小，这是伤害自我的致命武器。我们会觉得自己的人格极不完善，有各种各样的缺点和不足，而别人却完美无瑕，显得沉着自信。这种感觉是极其荒谬的。我们应该明白，别人的内心世界也同样残留着过去失败所留下的伤疤。懂得了这一点，我们就不会再把自己破裂的伤口看得那么严重。

现代人周围充满竞争，眼前常有机遇，因此尝试成了现代人相当时髦的人生信条。每当人们走向新的挑战之前，总是向挑战者或竞争者显示：天生我材必有用，这次胜利非我莫属！但是，在人生舞台上，有些人却低低哀叹：天生我材……没用。这种自卑的"自白"与自信者产生了强烈的反差：自信者相信自己的力量，竭力去做人生舞台上的主角；自卑者认为自己没有能力，只适合当观众。

自卑是个人由于某些生理缺陷或心理缺陷及其他原因而产生轻视自己，认为自己在某个方面或其他各方面不如他人的情绪体验，表现在交往活动中就是缺乏自信，想象失败的体验多。自卑是影响交往的严重的心理障碍，它直接阻碍了一个人走向群体，去与其他人交往。

无论自卑是怎么形成的，我们都要想办法克服，有关专家经过研究后总结出了如下几点克服自卑的方法。

（1）大哭一场。这并不可耻，流眼泪不仅是伤心的表现，还是悲哀或感情的发泄。

（2）参加辅导团体。一旦决定"要好好过日子"，就要找个倾诉对象，跟过来人谈谈也许很有帮助。

（3）阅读。初期的震荡过后，应重新集中心神开始阅读。阅读书刊——尤其是教你自助自疗的书籍——能给你启发，使你放松。

（4）写日记。许多人把遭逢不幸之后的平复过程逐一记载下来，从中获得抚慰。此法甚至可以产生自疗作用。

（5）安排活动。要想到人生中还有你所期盼的事，这样想可以加强你勇往直前再创造前途的态度。不妨现在就决定你拖延已久的旅行日期。

（6）学习新技能。到社区学院去选一门新课，或者找个新嗜好，或者可以学打球。你可以有个异于往昔的人生，可以借新技能加以充实。

（7）奖励自己。在极端痛苦的时刻，哪怕是最简单的日常事务——起床、洗澡、做点东西吃——都似乎很难。应把完成每一项工作（不论多么微不足道）都视为成就，对自己进行积极的奖励。

（8）运动。运动能使你抛开心事，抛开烦恼，让你脚踏实地感受自己在做什么，然后心情也会变得豁达舒畅。

（9）莫再沉溺。有许多人挨过了创痛期之后，最终会感到必须有所为，也许是创设有关组织，或写书，或是参与促请公众关注的活动。在这个过程中人们会发现，帮助他人是很有效的自疗方法。

不要总认为别人看不起你而离群索居。你自己瞧得起自己，别人也不会轻易小看你。能不能从良好的人际关系中得到激励，关键还在自己。要有意识地在与周围人的交往中学习别人的长处，发挥自己的优点，多从群体活动中培养自己的能力，这样可以预防因孤陋寡闻而产生的畏缩躲闪的自卑感。这样，自卑感就被逐步克服了。

2.克服社交恐惧症

有些人由于缺少社交经历，在与人交往的过程中，总是会产生一种恐慌害怕的心理。比如，不少人害怕在人多的场合讲话，尤其怕在公共场合讲话。不愿意接触人，不愿意参加集体活动，不愿与人共事，这就是一种社交恐惧症的心理疾病。对于这种现象，你应从两个方面去创造良好的心理环境。

首先，弄清楚自己到底恐惧什么，它构成什么威胁。社交恐惧者一遇到交往就恐惧和忐忑不安，无意识地回避交往对象，实际上他们很少正视自己所恐惧的东西，仅是下意识地要回避要恐惧这一点，这时就得说服自己正视要回避要恐惧的到底是什么。

其次，排除自我意识中的消极因素，也就是改变不利于交往的气质因素。比如，抑郁质的人一般对自己的举止言行特别敏感，生怕在交往中失态，遭人品评、嘲笑，因而在交往前就受到自己所构想的外界压力，这就自然使自己在交往中异常紧张，从而导致口齿不清、逻辑混乱、手足无措。

有些人一见生人就脸红，感到很害怕，说话紧张，嘴里说的和心里要表达的相距很远，这种社交恐惧症即是我们通常所说的害羞。

对于那些在人际交往过程中，容易产生自卑、恐惧、羞怯心理的人来说，心理学家史华兹博士提出了建立自信的五种方法。

（1）挑前面的位子坐。你是否注意到，在教堂、教室中，后面的座位是怎么先被坐满的吗？大部分占据后排座位的人，都希望自己不要"太醒目"，而他们怕受人注目的原因就是缺乏信心。

（2）练习正视别人。一个人的眼神可以透露出许多有关他的信息。一个人不正视你的时候，你会直觉地问自己："他想要隐藏什么呢？他想对我不利吗？"

不正视别人通常意味着："在你旁边我感到很自卑，我感到不如你，我怕你。"

要让你的眼睛为你工作，也就是专注别人的眼神，这不但能给你信心，而且能让你赢得别人的信任。

（3）把你走路的速度加快25%。许多心理学家告诉我们，改变走路的姿态与速度，可以改变心态。你如果仔细观察就会发现，身体的动作是心灵活动的结果。那些遭受打击、被排斥的人，走路都拖拖拉拉很散漫，完全没有自信。

另一种人则表现出超凡的信心，走起路来比一般人快，像是在短跑。他们的步伐告诉这个世界："我要去一个重要的地方，去做很重要的事情。更重要的是，我会在15分钟内成功。"使用这种"加快25%"的技术，可以助你建立信心。抬头挺胸走快一点儿，你就会感到自信心在增强。

（4）练习当众发言。有很多思路敏捷、天资高的人，都无法发挥他们的长处参与讨论，并不是他们不想参与，而是因为他们缺少信心，在会议中沉默寡言的人都认为："我的意见可能没有价值，如果说出来，别人可能会觉得很愚蠢，我最好什么也不说，不要让他们知道我是怎样的无知。"

如果尽量发言，就会增加信心，下次也更容易发言。所以，你必须练习多发言，这是信心的"维生素"。

（5）咧嘴大笑。咧嘴大笑，你会觉得"美好的日子又来了"。但是要笑得"大"，半笑不笑是没有用的，要露齿大笑才能见功效。

当然，你可能笑不出来，但窍门就在你强迫自己说："我开始笑了。"然后，你就放松地大笑。

只有通过练习，克服自卑和社交恐惧的心理，你才能信心十足地去同别人沟通交流。

晕轮效应：不能凭感觉和感情沟通

日常生活中，"晕轮效应"往往是悄悄地却又强有力地影响着我们对人的知觉和评价，如果我们看到某个人的个别缺点，如对他的衣着打扮、生活习惯不顺眼，就会把他看得一无是处。也有的青年人由于对自己倾慕的、知心的朋友的某一特点特别喜爱，就会把他看得处处可爱，所谓"一俊遮百丑"，甚至爱屋及乌。

这一效应，最早是由美国著名心理学家爱德华·桑戴克提出的。晕轮是一种当月亮被光环笼罩时产生的模糊不清的现象。爱德华认为，人对事物和人的认知和判断往往从局部出发，然后扩散而得出整体现象。就像晕轮一样，这些认知和判断常常都是以偏概全的。

心理学家戴恩做过一个这样的实验：先让被测试者看一些人的照片，这些人形色、着装各不相同。然后让这些被测试者从特定的方面来评定这些人。结果表明，被测试者赋予了那些有魅力的人更多的、理想的人格特征，比如和蔼、沉着、好交际等。

事实上，晕轮效应不仅仅表现在通常的以貌取人上，我们还常常以服装来判断别人的地位、性格，以初次言谈来断定他人的才能与品德，等等。在对不太熟悉的人进行评价时，晕轮效应体现得尤其明显。

晕轮效应告诉我们：我们应该注意告诫自己不要被别人的晕轮效应所影响，而陷入晕轮效应的误区。

在现实社会中，一些图谋不轨的人就往往利用该效应的作用，在外表上刻意把自己打扮成人们普遍印象中的某一种人，投其所好，进行诈骗，并屡屡得手。因此在沟通活动中，我们必须要有防范意识，不要因为对某人有一些好感，就失去自己的理性判断而轻信于他。

在与人交往的过程中，我们应该怎样克服晕轮效应的消极影响呢？以下建议可以参考。

第一，要有理性。不能光凭感觉与感情做事，还要听从大脑的声音，特别是进行重大决策时。就像我们在摄影的时候，如果光线太强，可以加滤色镜，对于平时沟通过程中的光线，我们同样可以用理智的滤色镜来进行调节。

第二，消除"偏见"。苏东坡有一句诗——"横看成岭侧成峰，远近高低各不同"，这说明对自己和他人，都要进行全面的分析。唯有在消除偏见之后，进行多角度的分析和取舍，才能够做出正确的判断。

第三，要多征求或者接受他人的意见。俗话说，"当局者迷，旁观者清"。所以，认真听取、分析父母和亲朋好友等人的意见，可以帮自己从不同的角度来看待问题。同时，别人的看法也会有助于自己得到正确的主见。

同理效应：以同理心领受对方世界

要达到最佳的沟通效果，就要用同理心去倾听，而不是同情心。然而，人们经常混淆这两个词，把它们当作同义词。其实它们并不是同义词。

同理心是一种理解，但同时它需要一定情感程度上的距离——你必须与悲痛、恐惧、愤怒保持距离，创造一定的空间，让你的理性思绪平抚非理性的感觉。你必须先把成见摆在一旁，压抑想要评断与谴责的下意识反应。同理心虽起于理解，但和许多人所想的相反，同理心不只是理解。同理心不是简单地说："我了解你的感觉跟想法。"这只是漫长的努力过程中的第一步。

关于同理心，有一个基本不变的事实：即使我们深刻地了解他人的感觉与思想，但如果什么事也没做，我们并不能算是有同理心的人。如果我们只是坐在那里，分享他人的情绪，但没有办法或不愿意将感觉转化为行动，便是否定了同理心的自然进展。

在相互交流时，表现出同情，经常是很受欢迎的，但积极倾听，在更大程度上却是同理倾听同理应用更为广泛，几乎适用于所有场合的交流。下面的部分将帮助你理解同理和同情的意义以及对二者加以区分。但是，重点是在积极倾听中如何使用同理技巧。

下面是同理和同情在倾听中的表现。

1. 同理倾听

同理倾听，接收方要表现出关心、尊重，并且要对讲话者的观点进行理解。倾听者不应进行批评，也不应该一言不发，不要把话题从讲话者的信息中转移开来。

2. 同情倾听

同情倾听，接收者努力表现出怜悯、可怜，甚至被讲话者表达的感情深深地感动了。

具有同情心的倾听让讲话者知道，大体上，你已经感受到他的痛苦。让讲话者知道你真的很关心他，你的感受和他一样。

有的人常说，最高层次的是同心的听，这是倾听的最高境界，但只有极少数的人能够真正体会、执行同心的倾听。

而同心的听的基础就是同理心（EMPATHY）。

"EMPATHY"的起源来自希腊字"empatheia"，"empatheia"之意为"情绪进入"。起初是希腊美学家的用语，表示一种能力——觉察他人之个人经验的能力。

情绪的表白没有文字，是不言不语的，文字则是理解力的表现——理性思维的过程。以"直觉"感受他人的情绪，在于"阅读"他人非语言表白的能力，非语言意指声调、手势、面部表情等。

同理心浅显的解释即是——辨识或感觉他人情绪的能力。

同理心也意指"直觉"或"感同身受"，因为我们常以直觉来了解他人无文字或无解释的情绪。

同理心是"人际知识"的基础，是与他人和睦共处的能力。它主要由三项要素组成。

（1）有同理心的人对于他人的感受，能有效及精确地了解与体会，同时能够维持一定的距离。

（2）有同理心的人了解怎样的情境助长或"引发"哪些情绪。

（3）有同理心的人与人沟通的方式，让人觉得能够接受、理解。

研究报告指出：同理心是至善的推动力，具有高度同理心的老师培育的学生有较好的学业成绩，人际关系也较为和谐。

心理学家卡尔·罗杰斯说："对于培养个人的人际关系，以及与他人的沟通而言，同理心是我们所知最有效的媒介。"

有同理心的人不仅能培养他人做建设性的改变，他的同理心还能帮助自己往正面积极的方向发展。借助与他人间同理心的接触，他的眼界将更为宽广、敏感度将更加深刻。

有些心理学家相信同理心是情绪智商及成熟度的最佳指标之一。

一个人能在沟通时发挥同理心，感同身受地了解他人是非常重要的，此举不在于我们从对方那里得到许多信息，而在于帮助对方知道我们能够领受他们的世界。

同心倾听的意义是：真切了解他人的动机、心愿及情况，以他人看世界的眼光来看世界，了解并感受到他人的感觉。

"先寻求了解"对多数人而言乃是一个心智模式的转换，在我们与他人沟通时，通常总是自我先寻求被了解，我们自以为是，被自己的眼界涨满。同心倾听的本质不在于想同意他人，而在于你完全地、深刻地了解他，情绪上与理智上的全然投入。

请你牢记，反复地思索或了解他人所说的每一个字，仅仅是同心倾听的一小部分。

同心倾听不是单纯、单一地听，它涵盖的范围极广，是用你的耳朵、你的眼睛、你的心来倾听。

逆反心理：进行有效的反面刺激

在改变人的态度时，根据逆反心理这一特点，把某种劝说信息以不宜泄露的方式让被劝说者获悉，或以不愿让更多人知道的方式出现，就有可能使被劝导者更加重视这一信息，并毫不怀疑地接受它。土豆从美洲引进法国的历史就很耐人寻味，它说明利用逆反心理能成功地改变人的态度。

法国在很长时间内都没有推广土豆的培植，因为宗教界称土豆为"鬼苹果"，医生认为它对人体健康有害，农学家则断言土豆会使土地变得贫瘠。著名的法国农学家安瑞·帕尔曼彻在德国时，亲口吃过土豆。回到法国后，他决心要在自己的故乡培植它，可是很长时间他都未说服任何人，于是他耍了一个花招儿，在国王的许可下，他在一块出了名的低产田里栽种了一批土豆。

根据他的要求，由一支身穿仪仗队服、全副武装的国王卫士看守这块土地。但这些卫士只是白天看守，到晚上就全部撤掉了。这时人们受到禁果的引诱，每到晚上就来偷挖土豆，并把它栽在自己的菜园里。土豆就这样在法国得到了推广。

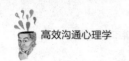

在这个案例中，越是不允许，人们越去做，越是劝说，有时人们越不接受；越不想劝说，反而越能成功地劝说人们。

当别人告诉你"不准看"时，你就偏偏要看，这就是一种"逆反心理"。这种欲望被禁止的程度愈强烈，它所产生的抗拒心理也就是愈大。所以，如果能善于利用这种心理倾向，在沟通中就可以将顽固的反对都软化，使其固执的态度发生转变。无论男女老少，他们内心多多少少都带有一些逆反心理，只要我们善于揪住那一根"反骨"，轻轻一扭，就能收到你预期的效果。

一个高二女生受不良风气影响有了早恋倾向，和同班一个男生频繁约会，上课时也心不在焉，以致成绩大幅滑坡。班主任把她叫到办公室，问她为什么不认真学习，她回答："没心思学。"

班主任听后厉声呵斥道："你那心思都干什么去了？你为什么就这样执迷不悟？告诉你，中学生不允许谈情说爱。再过一年，你就后悔莫及了，他考上了重点大学，就绝不会跟你来往了——因为你太浅薄、太虚浮、太目光短浅了！"

那女生一听这么严厉的话，眼泪就扑簌簌地流了下来，眼里满是对老师的忌恨，但心里却受了极大的震动。待她哭完，班主任又温和地说："对不起，我刚才的话可能不够礼貌，其实我只是出于无奈，是害怕你堕落到那种地步啊！"

那女生终于领会了班主任初时严厉继而温和的真实用意，因此，一面接受了老师的道歉，一面痛下了洗刷"浅薄"的决心。

生活中一些执迷不悟的人，成天沉浸在自己的想法中，浑浑噩噩，糊里糊涂。这时，要警醒他们，可以采取像这位班主任一样"当头棒喝，反向刺激"的方式，给对方强烈的心理刺激，促使他深刻反思自己。

当然，反向刺激的最终目的还在于正面引导，最好能在对方有所触动后，再对自己刚才言语的率直加以道歉，让对方恢复心理上的平衡，只有这样，才能取得好的说服效果。

虚荣心理：满足虚荣心，沟通无障碍

现实生活中有些人之所以在沟通时会出现障碍，就是因为他们不懂得或者忘记了一个重要原则——让他人感到自己重要。他们喜欢自我表现，夸大吹嘘自己，一旦事情成功，他们首先表现出的就是自己有多大的功劳，做出了多大贡献。无形之中，他们伤害了别人，当然最终也不利于自己。

你遇到的每个人，都认为他在某些方面比你优秀，而一个绝对可以赢得他欢心的方法是，以不着痕迹的方法让他明白，他是个重要人物。正如杜威教授所说的：人们最迫切的愿望，就是希望自己能受到重视。而卡耐基也曾一再强调，正是这股力量促使人类创造了文明。卡耐基用自己的一段经历证明了这一道理。他回忆说：

"我在纽约第32街和第8大道交叉处的邮局里，排队等候寄一封挂号信。柜台后面的那位办事员，显然对工作感到不耐烦——称重、拿邮票、找零钱、写收据——年复一年都是同样单调的工作。所以我对自己说：'我要让那位办事员喜欢我。显然的，要让他喜欢，必须说些好话。不是关于我自己，而是与他有关。'我又自问：'他有什么可以让我称赞一番的？'有时这实在是个难题，尤其对象是个陌生人。但是，眼前的这位似乎并无困难，我马上找出可以称赞的地方。当他为我的信件称重时，我热切对他说：'真希望我能有你这样的头发。'

"他抬起头，半惊讶地看着我，脸上泛出微笑。'啊，它已不像以前那么好啦！'他谦虚地应答。我告诉他，虽然它可能已没有原来的美丽，但仍然状况极佳。他十分高兴，和我谈了一会儿，最后说道：'许多人都称赞我的头发。'我敢打赌，这位先生外出吃午饭的时候，一定步履生风；晚上回家的时候，一定会将此事告诉太太；也一定会照着镜子对自己说：'这头发多么漂亮！'

"有次我演讲的时候提起这件事，事后有人问我：'你想从那人身上得到什么？'我能从那人身上得到什么？我想从那人身上得到什么！如果我们真是这么自私，一旦没有从他人身上得到什么好处，便不能表示一点儿赞赏或传达一点儿真诚的感谢——如果我们的灵魂没有比野生的酸苹果大多少，我们会变得多么贫乏。不错。我是希望从那位老先生身上得到一点儿东西。但那东西是无价的，而且我已得到了。我得到了助人的快乐，这种感觉会在事过境迁之后，还存在记忆里。"

如果你感受到只有抓住人的心理才能使人际关系更牢固的话，就必须诚恳地表示出你重视对方。不爱说话的人或较保守的人很容易被忽视，但在他们的内心里，何尝不渴望别人的重视？在一个寒冷的冬夜，纽约城里电话系统的主管福拉哥从纽约城中心的一处洞里钻出来。他并非遇到什么严重问题的困扰，也不是属下发生了什么严重的事故，而是有两位他们公司的接线工在洞里进行一项紧急工程，他特地钻进洞里问候他们。

所以，如果想让对方喜欢你，就请记住这一原则：尊重别人，让对方感到自己重要，满足他的成就感。

共鸣心理：从对方感兴趣的话题谈起

人与人之间，很难在一开始就产生共鸣，往往必须先诱导出对方与你交谈的兴趣，经过一番深刻的对话，才能让彼此更加了解。

在你尝试说服他人、对另一个人有所求的时候，这样的论点也同样适用。最好先避开对方的忌讳，从对方感兴趣的话题谈起，不要太早暴露自己的意图，让对方一步步地赞同你的想法，当对方跟着你走完一段路程时，便会不自觉地认同你的观点。

伽利略年轻时就立下雄心壮志，要在科学研究方面有所成就，他希望得到父亲的支持和帮助。

一天，他对父亲说："父亲，我想问您一件事，是什么促成了您同母亲的婚事？"

"我看上她了。"

伽利略又问："那您有没有娶过别的女人？"

"没有，孩子。家里的人要我娶一位富有的女士，可我只钟情你的母亲，她从前可是一位风姿绰约的姑娘。"

伽利略说："您说得一点也没错，她现在依然风韵犹存，您不曾娶过别的女人，因为您爱的是她。您知道，我现在也面临着同样的处境。除了科学，我不可能选择别的职业，因为我喜爱的正是科学。别的对我而言毫无用途也毫无吸引力！难道要我去追求财富、追求荣誉？科学是我唯一的需要，我对它的爱有如对一位美貌女子的倾慕。"

父亲说："像倾慕女子那样？你怎么会这样说呢？"

伽利略说："一点也没错，亲爱的父亲，我已经18岁了。别的学生，哪怕是最穷的学生，都已想到自己的婚事，可是我从没想过那方面的事。我不曾与人相爱，我想今后也不会。别的人都想寻求一位标致的姑娘作为终身伴侣，而我只愿与科学为伴。"

父亲始终没有说话，仔细地听着。

伽利略继续说："亲爱的父亲，您有才干，但没有力量，而我却能兼而有之。为什么您不能帮助我实现自己的愿望呢？我一定会成为一位杰出的学者，获得教授身份。我能够以此为生，而且比别人生活得更好。"

父亲为难地说："可我没有钱供你上学。"

"父亲，您听我说，很多穷学生都可以领取奖学金，这钱是公爵宫廷给的。我为什么不能去领一份奖学金呢？您在佛罗伦萨有那么多朋友，您和他们的交情都不错，他们一定会尽力帮助您的。也许您能到宫廷去把事办妥，他们只需要去问一问公爵的老师奥斯蒂罗·利希就行了，他了解我，知道我的能力……"

父亲被说动了："嘿，你说得有理，这是个好主意。"

伽利略抓住父亲的手，激动地说："我求求您，父亲，求您想个法子，尽力而为。我向您表示感激之情的唯一方式，就是……就是保证成为一个伟大的科学家……"

伽利略最终说动了父亲，实现了自己的理想，成了一位闻名遐迩的科学家。

这里，伽利略采用的是"心理共鸣"的说服方法。此说服法一般可以分为以下四个阶段。

（1）导入阶段。先顾左右而言他，引起对方的共鸣或兴趣。伽利略先请父亲回忆和母亲恋爱时的情况，引起了父亲的兴趣。

（2）转接阶段。逐渐转移话题，引入正题。伽利略巧妙地通过这句话把话题转到自己身上："我现在也面临着同样的处境……"

（3）正题阶段。提出自己的建议和想法。伽利略提出："我只愿与科学为伴"，这正是他要说服父亲的主题。

（4）结束阶段。明确提出对对方的要求，达到说服的目的。为了使对方容易接受，还可以指出对方这样做的好处。

就这样，伽利略终于达到了自己的目的，为最终实现自己的理想奠定了基础。

有许多口才很好的人，往往用自己的唇枪舌剑把对方口头上所说的意见驳倒，就以为自己说服了别人，但却不知道别人心里还藏着什么疑难未解之处。这样的"说服"，只是口头上的说服，心里并没有服。别人口服心不服，就不能算是说服。别人对你的话没有心服，就不会按照你的话去做。所以，我们应该经常关心他们的生活，和他们接近，倾听他们的谈话，注意他们各方面的表现，研究分析他们的行为动机和他们的心理活动规律。这些，正是我们说服别人的准备工作。

若是想提高自己说服别人的能力，必须把关心别人、了解别人当作一种经常需要努力去做的工作。

第二章

沟通抓心，六大原则须记牢

口德原则：和别人好好说话

在与人沟通时应尽量少采用揭对方短的方法进攻他人，尤其是有关生理上的特点，如称呼别人"胖猪、矮冬瓜、瘸子、聋子、白痴、阳痿、性冷感、无生育能力"等，以及身份上的卑贱，如乞丐、私生子、拖油瓶、妓女等，否则，对方的理智会立刻消失，代之而起的是一种动物性的原始的防卫本能，你便很难再和对方复交了。

富兰克林是个口才很好的政治家，他十分重视口德。他在早年曾经做了一张表，表上列举出他自己所要改善的十二种美德。

这些美德和它们的准则是：第一，节制。食不可过饱，饮不得过量；第二，沉默。避免无聊闲扯，言谈必须对人有益；第三，秩序。生活物品要放置有序，工作时间要合理安排；第四，果决。要做之事就下决心去做，决心做的事一定要完成；第五，节俭。不得浪费，任何花费都要有益，不论于人于己；第六，勤劳。珍惜每一刻时间，去除一切不必要之举，勤做有益之事；第七，真诚。不损害他人，不使用欺骗手段。考虑事情要公正合理，说话要依据真实情况；第八，公正。不得损人利己，履行应尽的义务；第九，适度。避免任何极端倾向，尽量克制报复心理；第十，清洁。身体、衣着和居所要力求清洁；第十一，平静。戒除不必要的烦恼，即那些琐事、常见的和不可避免的不顺利的事情；第十二，纯洁。不纵欲，不使身体虚弱、生活贫乏，不可损坏自己及他人的声誉或安宁。

经过几年的实践，他获得了相当显著的成就。可是，之后他又找出了另外一件应该实行的美德，那跟谈话艺术有极大的关联。他在一篇文章中这样写道：

"我在自我完善的计划里，最初想做到的有十二种美德，但有一个教友，有一天前来向我说大家都认为我太自傲，说我的骄傲常在谈话中吐露。当辩论一个问题时，我不但固执地满足我正确的主张，而且还常显露出有些轻蔑别人的样子。听了他的话，我立刻就想矫正这种缺点，因而在表上的最后一行加了'虚心'这一条。

"我到现在，虽然不能自夸在实际上这点有何成就，但表现上，我至少已经改善许多了。我决定避免直接触犯他人的情感和武断自己的言论；我甚至对自己下了一道命令，决心以后把'当然''不消说'等字眼改掉，换以'据我所知的''我只觉得''似乎''可能'等口头语。

"我发觉别人真的说了一句错误的话时，也忍住不去与他辩论，不去争执，或不直接指出人家的缺点来。我即使要说话，也总用'你的说法似乎不大对吧'的口吻。

"这样不多久，我发觉果然获益不少。因为事实告诉我，我无论在哪里，陈述意见时用谦虚方式，人家容易接受而绝少反对；说错了的话，也不致受窘了。

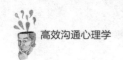

"在我矫正的过程中，起初的确用了很大的毅力，来克服本性而去严守这'虚心'两个字；但后来习惯渐成自然，数十年来恐怕很少有人见过我骄傲之态显露吧！

"这全是我行为的方式所致。但此外，在我改善这个习惯的过程之中，我更能处处注意到谈话的艺术。我时常压抑自己，别去做一个擅长雄辩者，因而我和人谈话时选择字眼时常常变得迟疑，谈话技巧也时常有意愚拙，不过我是什么意思仍然都可以表达出来的……"

正是这位教友的提醒让富兰克林对自己的傲慢问题加以重视，而正是靠这样一种谦虚的口德，富兰克林让自己在社会中得到了广泛的好评和欢迎，行事顺利，成为美国早期最出色的政治家之一。

有一个简单的小故事可以让我们反思口德的重要性。

一个孩子跑到大山上，无意间对着山谷喊了一声："喂……"声音刚落，从四面八方传来了阵阵"喂……"的回声。大山答应了。孩子很惊讶，又喊了一声："你是谁？"大山也回音："你是谁？"孩子喊："为什么不告诉我。"大山也说："为什么不告诉我。"

孩子忍不住生气了，喊道："我恨你。"他哪里知道这一喊不得了，整个世界传来的声音都是："我恨你，我恨你……"

孩子哭着跑回家，告诉了妈妈，妈妈笑着对孩子说："孩子，是你不对，只要你和和气气地对她说话，她也会和和气气地对你说话。孩子，你回去对大山喊'我爱你'，试试看结果会怎样。好吗？"

孩子又跑到山上。果然这次孩子被包围在"我——爱——你，我——爱——你……"的回声中。孩子笑了，群山也笑了。

多么奇妙的回声啊，你怎么同别人说话，别人也会怎么同你说话，你恶声恶语对别人，别人也会恶声恶语对你，反之，你好言好语地同别人说话，别人也会用同样的好言好语回应你。关于回声，一位作家还写过一首诗：

她躲在峡谷
她站在山崖上
你不理她
她不理你
你喊她，她喊你
你骂她，她骂你
千万不要和她吵嘴
最后一声总是她的

有时候，我们在抱怨着别人的态度太冷漠，情绪太不好，却不知你自己是对方的一面镜子。如果遇到这样类似的情况，不妨问问自己做了什么，想让别人和你好好说话，你得先去反思一下自己的口德。

目标原则：要带着目标目的去沟通

成功人士都有一种能力，能在相同的时间里，完成比别人更多的工作，因为他们有着明确的目标、清楚的计划、安排有序的日程，也就是遵从了"目标越清楚，成效越显著"这一法则，这使他们可以持续不断地对时间进行最有价值的利用。

没有明确目标的沟通，就如同没有目的地做事一样，说了什么话、办了什么事，连自己都不清楚，稀里糊涂，对别人的

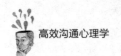

感受也就无从知晓。甚至可能会觉得，话也说了，该说的不该说的，对方也听见了，就算是沟通了一次，然而，这种态度对对方来讲并没有起作用，带来的是更多的反感。

反之，带着目的的沟通，更能体现沟通的重要性，有利于维持人际关系的和谐。

著名科学家法拉第进入英国皇家学院工作，介绍人是戴维爵士，他们之间进行了一次有趣的谈话。

戴维："我们的谈话随时可能被打断。不过你还是幸运的，此时此刻仪器没有爆炸。法拉第先生，信和笔记本我都看了。你在信中好像没有说明在哪里上的大学。"

法拉第："我没有上过大学，先生。"

戴维："哦？但你做的笔记说明你显然是理解这一切的，那又怎样解释呢？"

法拉第："我尽可能去学习一切知识，我还在自己房间里建立了小实验室。"

戴维："我很感动。不过，可能因为你没到实验室中干过，所以才愿意到这儿来。科学太艰苦，要付出极大的劳动，而只有微薄的报酬。"

法拉第："但是，只要能做好这件工作，本身就是一种报酬啊。"

戴维："哈哈，你看我眼边的伤疤，这是我在实验中引起的一次爆炸留下的。我想，你装订的那些书籍总不曾将你炸痛，让你出血或把你打昏吧？"

法拉第："是的，不曾有过，但每当我翻开装订的科学书籍时，它的目录常常使我目瞪口呆，神魂颠倒。"

这段对话重点突出，详略得当，饶有趣味。戴维爵士所强调的是从事科学研究不是一件轻松的事，需要付出艰苦的劳动，甚至要付出伤残或牺牲的代价，而法拉第所表示的是对知识的强烈渴望，对科学的执着追求。谈话结果，戴维破例让法拉第当了自己的助手。后来，有人要戴维填表列举自己对科学的贡献，他在表的最后写道："最大的贡献——从一句话中发现了法拉第。"假如当初一个强调学历，另一个贪图金钱，那肯定是另一番情形了。

在沟通过程中，贯穿的是信息沟通，双方都是有意识的个体，所以想要获得良好的沟通效果，我们要善于把握对方的心理需求和认知水平，从而做到有的放矢。抓住了这样一个目标原则，我们才能获得良好的沟通效果。

适应原则：学会主动适应别人

人生就是一个不断适应环境、改造环境，从而完善自我的过程。适应能力强的人，很快就会在新环境中找到自己的位置，促进自己的成长和发展。适应能力差的人，则会在新环境中迷失方向，甚至失去进取的信心和勇气，从此一蹶不振。

人际沟通并不总是处于和谐状态，其中会掺杂着个人的情感喜好、主观偏见，甚至矛盾。对于我们自己喜欢的人，往往会用好的礼仪去接纳，而对于看不顺眼的人，可能就会表现出无理或不尊重的态度。

适应是沟通礼仪的需要。当面对一个性格不合的人，你是让自己适应他还是让他适应你？当你来到一个陌生的人群中，你会在多长时间内适应周围各种各样的人？可以说，人与人之间，都有一个艰难的适应过程，无论是孤独闭塞的人还是阅历丰富的人，在这一点上，谁都不能避免。

每个人在自己所接触的人中，必然会有与自己合得来和合不来两种类型的人。若是在学生时代，可以避免与自己性格不合的人沟通，但是在特定场合，你必须学会适应别人，尤其是你平时"看不惯"的那些人。

试着让自己学会主动适应面前的人，你的沟通之路就会广阔起来。

1. 要认清对方的特点，然后采取适宜的沟通法则

比如，对于心思比较细、重视礼节的人，若采取无所顾忌的粗鲁的方法，那你们之间就不可能建立起和谐融洽的关系。相反，对于不拘小节的人，过于小心谨慎地应对，对方会很厌烦，自然也不会建立起良好的人际关系。要想使自己的人际关系和谐，要想使自己轻松愉快地工作，那就一定要努力适应别人，采取与之相应的沟通法则。

2. 转变自己的立场

为了与自己性格合不来的人建立起良好的人际关系，平时多用心、多留神是非常必要的。在掌握了人际关系基本常识的基础上，无论遇到任何事，都要试着改变一下自己的思维，改变一下自己的观点和看法。做这些努力对彼此之间关系的好转大有作用。

3. 用沟通和包容去融化你与他人的心灵坚冰

包容和欣赏是礼仪的最高境界。包容他人的缺点，欣赏对方的优点，你们之间的关系就会和谐起来。

不论你在哪里，不论你干什么工作，不论你的年龄，也不论你的学识，只要你在有人的地方，就要和别人沟通，所以你必须学会适应。不管你是否愿意和别人交往，也不论你多么的有个性，你必须要和你周围的人打好交道，否则恐怕你就不会过得快乐，那么生活也就谈不上幸福了。

为了使自己在人与人的沟通中，减少不必要的冲突，我们必须学习生存，学会适应。

适度原则：面面俱到不如留有余地

一般情况下，人们对别人给予的好处，总想要同等的回报。于是有的人以为，他如果对对方特别好，对方也会对他特别好。其实，这不是绝对的。如果你对别人适度的好，可能得到别人相应的回报；但是你对别人过度的好，却可能无法得到别人的回报。这叫作"交往适度原则"。

有位女士特别喜欢关心照顾他人，结婚后一个人包办了所有的家务：买菜、做饭、洗衣、擦地板等，绝不让别人插手。一天，丈夫想做饭，她说："你休息吧，我来做饭！"丈夫想洗衣，她说："把脏衣服放洗衣机里吧，一会儿我来洗。"婆婆想去擦地板，她说："您上年纪了，就不要劳动了，我来干吧！"……诸如此类事情太多了。有一天丈夫对她说："咱们离婚吧！"她很委屈地问："为什么啊？"丈夫说："你对我们太好，我们都觉得受不了！"公公、婆婆说："我们在家里站也不是坐也不是，就像住宾馆一样。"全家人终于无法忍受了，提出让她离开这个家庭。最后呢，他们离婚了。

这位女士就是没有把握好与人沟通交流的尺度，对待别人过好，也容易产生矛盾。交往适度原则是指在人际沟通中要懂得把握好一个度，超过这个度，人际关系有可能走向反面。你对别人过分的好，在沟通中"过度投资"，可能引起两个不良后果。

第一个不良后果是，虽然人有自私的本性，不希望得到的少于付出的，但出于互惠定律，如果得到的大于付出的，也会

让人心理失去平衡。因为这会使人感到无法回报或没有机会回报对方，而在心里感到愧疚，感到欠对方的情。这种心理负担会使受惠的一方选择疏远。

第二个不良后果是，对对方过好，会令对方对这种恩情感到麻木，时间长了，就不觉得你对他有多好。用通俗的话说，就是把对方给惯坏了。

心理学家霍曼斯早在1974年就提出，人与人之间的交往本质上是一种社会交换，这种交换同市场上的商品交换所遵循的原则是一样的，即人们都希望在交往中得到的不少于所付出的。人情不能不投资，也不能过度投资。

在成功的人际沟通中，十分讲究适度。既不能过，也不能不及，比如在跟对方交谈时应注意适度，不要抢接别人的话头或连续地追问，也不应独占话题；如果对方比较拘谨，不妨随便谈些琐碎的小事，以便打开僵局；如果觉得对方与自己在情趣上相差较远，话题不可深入，要适可而止。

如果你想取悦别人，而且想和别人维持长久的关系，那么不妨适当地给别人一个机会，让别人有所回报，这样就不至于因为对方内心有压力而疏远了双方的关系。"过度投资"，不给对方喘息的机会，就会让对方的心灵窒息。沟通中不面面俱到，而是留有余地，这样彼此才能有距离感，才能给对方一个足够的空间来容纳彼此。

倾听原则：适时倾听才是真正沟通

一些人总是认为，能说会道的人才是善于沟通的人，其实，善于倾听的人才是真正会沟通的人。注意听，给人的印象是谦虚好学，专心稳重，诚实可靠；认真听，能减少不成熟的评论，避免不必要的误解；善于听，让你拥有丰富的人脉资源。

人际关系专家研究发现，人际关系失败的原因，很多时候不在于你说错了什么，或是应该说什么，而是因为你听得太少，或者不注意倾听所致。比如，别人的话还没有说完，你就抢口强说，讲出些不得要领、不着边际的话；别人的话还没有听清，你就迫不及待地发表自己的见解和意见；对方兴致勃勃地与你说话，你却心荡魂游、目光斜视，手上还在不断拨弄这个那个。有谁愿意与这样的人在一起交谈呢？

一位心理学家曾说："以同情和理解的心情倾听别人的谈话，是维系人际关系、保持友谊最有效的方法。"可见，说是一门艺术，而听更是艺术中的艺术。

在聆听他人的谈话时，要全神贯注，心不在焉、东张西望是对对方极大的不尊重。即使你在听，也不要表现出对周围发生的事很厌烦或者很感兴趣。对方很在意你对他的谈话内容是否感兴趣，你的东张西望，不仅会分散对方的注意力，还会使对方觉得你不在乎他，从而伤害对方的自尊心。所以，无论你是否对对方的话题感兴趣，都应该专心地去听。如果你没有时间听对方说完，你可以采取某种方式暗示，相信对方会谅解，也会适时地中止谈话，这样也不会伤害到对方的感情。

倾听其实并不是消极的行为，而是积极的行为。听者对于交谈的投入绝不亚于说话者。因为，我们如果不能去听懂他人，就不可能有针对性的谈话，也不可能成为沟通高手。

倾听会让对方认为你对他是认同和鼓励的，谁都不希望在自己讲话的时候没有人理会，或者总被人打断。你在认真地听别人说话的时候，别人会认为你尊重他、理解他，有利于增进彼此的感情。当别人意识到你乐于倾听他们的意见时，他们会有意无意和你接近，否则你很容易被排除和孤立。

要做一个倾听者，因为倾听比雄辩要能吸引人，那么，怎

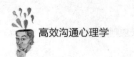

样才能做到有效倾听呢？

1. 全神贯注地倾听

倾听时要精神集中，神情专注。为表示自己注意倾听，要多与对方交流目光，别人讲话时要适时点头，并发出"是""对""哦"等应答。但不要轻易打断别人的谈话，也不要随便插话，若非插话不可，要先向对方表示抱歉，如"对不起，我可以提个问题吗"或"请允许我打断一下"，并征得对方同意。

2. 不随意插话和妄下论断

交谈中要尊重对方的观点，即使你不同意别人的看法，也不要轻易打断别人的谈话。如果确实有必要，需要等人家讲完后再阐明自己的观点。特别是对方还没有充分地把自己的意思表达清楚的时候，不要轻易表态，乱下断语，也不要挑剔批评，否则会让人感到你有一种优越感，影响交谈的进行。

面子原则：减少对别人的伤害

在每个人的心里都有一道最后的心理防线，一旦我们不给他人退路，不让他人走下台阶，他只好使出最后的一招——自卫。因此，当我们遇事待人时，应谨记一条原则：别让人下不了台阶。

一句或两句体谅的话，对他人宽容一点，这些都可以减少对别人的伤害，保全他的面子。

多年以前，美国通用电气公司面临一项需要慎重处理的工作：免除查尔斯·史坦恩梅兹的某一部门主管之职。史坦恩梅兹在电器方面是第一等的天才，但担任计算部门主管是彻底的失败。

然而公司却不敢冒犯他。公司绝对解雇不了他——而他又十分敏感。于是他们给了他一个新头衔。他们让他担任"通用电气公司顾问工程师"——工作还是和以前一样，只是换了一个新头衔——并让其他人担任部门主管。

史坦恩梅兹十分高兴。通用公司的高级职员也很高兴。他们已温和地调动了他们这位最暴躁的大牌明星职员，而且他们这样做并没有引起一场大风暴——因为他们让他保全了面子。

让他人保全面子，这是十分重要的，而我们却很少有人想到这一点！我们残酷地抹杀了他人的感情，又自以为是，我们在其他人面前批评一位小孩或员工，找差错、发出威胁，甚至不去考虑是否伤害到别人的自尊。然而，一两分钟的思考，一句或两句体谅的话，对他人的宽容，都可以减少对别人的伤害。所以下一次，当我们必须解雇员工或惩戒他人的时候，不要忘了这一点。

宾夕法尼亚州的佛雷德·克拉克谈到了发生在他们公司的一段插曲："有一次开生产会议的时候，副总裁提出了一个尖锐的问题，是有关生产过程的管理问题。由于他气势汹汹，矛头指向生产部总督，一副准备挑错的样子。为了不在同事中出丑，生产部总督对问题避而不答。这使副总裁更为恼火，直骂生产总督是个骗子。

"再好的工作关系，都会因这样的火爆场面而毁坏。凭良心说，那位总督是个很好的雇员。但从那天开始，他再也不能留在公司里了。几个月后，他转到了另一家公司，据说表现很不错。"

安娜·玛桑也谈到相同的情形，但因处理方法不同，结果也不一样。玛桑小姐在一家食品包装公司当市场调查员，她刚接下第一份差事——为一项新产品做市场调查。她说道："当结果出

来的时候，我几乎崩溃，由于计划工作的一系列错误，整个结果当然完全错误，必须从头再来。更糟的是，报告会议即将开始，我已经没有时间同老板商量这件事了。

"当他们要求我做报告的时候，我尽量使自己不致哭出来，以免又惹得大家嘲笑，我吓得发抖。因为太过于情绪化了，我简短地说明了一下情形，并表示要重新改正过来，以便在下次会议时提出。坐下后，我等待老板大发雷霆。

"出乎意料的是，他先感谢我工作勤奋，并表示新计划难免都会有错。他相信新的调查一定正确无误，会对公司有很大助益。他在众人面前肯定我，相信我已尽了力，并说我缺少的是经验，而非能力。

"我挺直胸膛离开会场，并下定决心不再有第二次这种情形发生。"

当一个人已经做出一定的许诺——宣布一种坚定的立场或观点后，为了维护自尊，便很难改变自己的立场或观点。此时你若想说服他，就必须顾全他的面子，为对方铺台阶，如说一些有利于对方的话：

"在那种情况下，任何人都想不到。"

"当然，我理解你为什么会这样想，因为当时你并不清楚事情的经过。"

"最初，我也这样想的，但后来我了解到全部情况，我就知道自己错了。"

一家百货公司的一位顾客，要求退回一件外衣。她已经把衣服带回家并且穿过了，只是她丈夫不喜欢。她解释说"绝没穿过"，并要求退换。

售货员检查了外衣，发现有明显干洗过的痕迹。但是，直截了当地向顾客说明这一点，顾客是绝对不会轻易承认的，因为她已经说过"绝没穿过"，而且精心地伪装过。这样，双方可能会发生争执。于是，机敏的售货员说："我很想知道是否你们家的某位成员把这件衣服错送过干洗店。我记得不久前我也发生过一件同样的事情。我把一件刚买的衣服和其他衣服堆在一起，结果我丈夫没注意，把那件新衣服和一大堆脏衣服一股脑儿塞进了洗衣机。我怀疑你是否也遇到这种事情——因为这件衣服的确有已经被洗过的痕迹。不信的话，你可以跟其他衣服比一比。"

顾客看了看证据，知道无可辩驳，而售货员又已经为她的错误准备好了借口，给了她一个台阶下。于是，她顺水推舟，乖乖地收起衣服离开了。

这是一位聪明的售货员，她所采取的方法也是每个说话者都懂得的——让人们保全他们自己的面子。

即使对方犯错，而我们是对的，如果没有为别人保留面子，就会毁了一个人。因此，你要想说服他人就必须遵循这一原则：你要帮助别人认识并改正错误，同时还要保全他们的面子。

尊重原则：尊重是人际交往的基础

心理学教授坎贝尔说："我始终不明白，为什么要有机器人这个说法。只要词语中带有人字，无疑意味着人为地拔高了物质的高度。我认为应该把机器人称为机器鬼，这样就不至于把机器和人搅和在一起。反正机器人这个说法令人觉得别扭。"

在沟通中，不要以为他人是机器人，可以由你想怎样操纵

就怎样操纵。只有学会尊重他人，意识到对方也拥有充分的潜能，能够从他人的角度理解问题，才会有真正意义上的沟通。

沟通是彼此的事，一个巴掌拍不响。当你运用技巧时，别人也会运用技巧。当然，沟通是有目标的，你可以使自己的愿望处于优势，并且尽可能达到对自己有利的结果。但这多少有些一厢情愿，因为别人也会运用技巧，彼此力量的消长有一个合适的中点，那是双方可以接受的结果。沟通能达到这个目的，双方都应该满意，虽然这个结果跟你渴望的结果有些差别，但也应该坦然接受。

既然他人不是机器人，他人理所当然应该受到你的尊重。而尊重他人的妙招之一就是暗示。暗示就是为了保全他人自尊时采取一种比较含蓄的不直接指责、指使他人的方法，也就是间接地让人做出你希望他人做的事。

暗示可以成为他人行动的动力，他们在接受暗示时，已经感到了受尊重的意味，就会主动帮你达成你渴望的结果。暗示可以让人心甘情愿地和你沟通。

沟通也是一种语言交流，漂亮语法也是尊重人的一种表现。

当然，漂亮语法绝不是指滥用形容词之类肤浅玩意儿。它的的确确是一种语法，它将各种词语巧妙地运用，不仅仅限于形容词。

"然后……""这时……"等语法可以给人流畅感，他人就容易顺应你的思路，承启转合之间，沟通已经趋向圆融。使用"因为……""所以……"等语法，则给人很讲逻辑、很讲道理的感觉，他人就会心服，谁愿意跟一塌糊涂不讲理的家伙打交道呢？

在沟通时，接纳对方的观点，然后再削弱他人的观点，也是一个尊重他人的好办法。生活中，人的观点多种多样，纷繁复杂地围绕在你周围。这些观点有容易理解的，也有摸不着头脑令人难以把握的。观点是容易冲突的，人都不愿放弃自己的观点，所以，沟通时不能破坏对方的观点，只能悄无声息地移动他人的观点，让它靠拢自己的人生观。移动他人的人生观，可以采用游戏性质的做法，让别人感觉不到严肃的压力，因为人生观是个严肃的大问题。而在游戏中，人生观稍有移动和变化，他人是不会觉察的。

最后一点，世上总有很多人喜欢表现自己的力量和能耐，在他们眼中，他人总不如自己。这种人他们喜欢表现就给他们表现的机会。

最简单的办法就是，在他们面前故意表现得笨手笨脚，他们会哼着鼻音走过来说："真是差劲，让我来！"于是，他们就自己动手做起来。这个方法儿童都会用，何况成人。

最聪明的办法是询问，表现得很虚心的样子去求教，他人怎么会不理睬？说不定一边做还一边教你怎样做呢。

诚恳法则：诚恳待人，赢得信赖

诚恳法则是营销中的一条重要法则，它是指你的"缺点"必须是被广泛认知的缺点。它必须立即在你的潜在消费者心中引发同感。如果这个缺点无法迅速引起共鸣，那么潜在消费者就会感到疑惑："这究竟是怎么一回事呢？"其次，你必须迅速将缺点转为优点。诚恳的目的并不是要向消费者道歉，而是要建立足以让潜在消费者信服的利益。这条法则仅仅是证明了一条古老的格言：诚恳是上策。

在沟通中，开诚布公的态度对沟通最重要。有时候，我们在工作和生活中经常会听到这样的一些抱怨："他们都不理解我。""我这样做是为了大家好，可为什么没人支持我

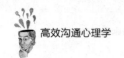

呢？""太郁闷了，竟然没人同我一起完成这项任务。"……其实人与人之间并不缺乏理解而是缺乏沟通，特别是极为诚恳的沟通。

社会心理学的研究表明，人与人的交往在最初时是设了一道心理防线的，随着交往的深入，防线逐渐变弱，成为知心朋友后就没有心理防线了。诚恳之心是可以培养的，如果不够诚恳，则说明沟通不到位。

朋友、同事间在一起共事，争论、分歧、误解是在所难免的，只要从团结的愿望出发，诚恳地进行沟通，许多问题都不难解决。有些人在沟通中常犯的一个毛病，就是对关系亲近的人敞开心扉、无话不说，对其他人则紧闭尊口，不与其交流。缺少以心换心的沟通和理解，就很难有共同的语言，没有共同的语言，就很难做到沟通顺畅。

沟通应心怀坦荡。但是要做到诚恳沟通还是不容易的，因为诚恳沟通不是一个口号，它要求你待人接物做到真诚、坦荡。试想一下，如果你真诚地指出同事工作中的不足，希望他能够改善的时候，他是否会勃然大怒？是否会认为你伤害了他的面子？别人是否会认为你不会说话，太直接了，缺少沟通艺术？所以，要做到诚恳沟通，是需要掌握一些原则的。

首先，要接受差异，不同的人有不同的思考方式，人与人之间一定会存在对事物的差异认识，这是十分正常的。我们要接受这种差异，不能试图强迫对方接受你的观点，因为对方也会试图让你接受他的观点，与其争执下去，还不如彼此接受这种差异。

其次，在所有的讨论、辩论中，要对事不对人，沟通过程中，强调描述客观事实，不要把客观问题上升到人品上来，那样的评论就不客观了，容易激发矛盾。

最后，在诚恳沟通的过程中，要先站在对方的立场上，切身体会对方的感受，要做到"己所不欲，勿施于人"，这一点是十分重要的。自己都不可能接受的观点，怎么能让别人接受呢？

现在人与人之间的诚恳相待也越来越少了，大家都不说实话，都表面上大加赞誉，实际上害人害己，降低沟通效率，诚恳沟通是我们追求的目标，做到诚恳沟通才是我们的目的，也只有做到了诚恳沟通，才能够真正建立长久的、值得信赖的人际关系。

宽容原则：消除隔阂，沟通感情

世界上最宽阔的是海洋，比海洋更宽阔的是天空，比天空还宽阔的是人的胸怀。宽容别人就是在宽容我们自己，我们在宽容别人的同时，也为自己营造了和谐的氛围，为心灵留下了一点儿舒缓的空间，这便是宽容原则。

在沟通中，难免会与其他人发生冲突。当有人在背后恶语中伤你的时候，你是想"以牙还牙"，用同样的坏话攻击他呢，还是泰然处之，保持缄默呢？当平日的挚友背叛你的时候，你是选择伺机报复呢，还是选择默默承受，宽容他呢？宽容是一种至高的人生境界，只有能够原谅可容之言、饶恕可容之事、包含可容之人，才能达到宠辱不惊的境界，同时也为自己营造一个安宁的心境。

宽容是消除隔阂、沟通感情的法宝。人生活在社会中，必然有矛盾和烦恼，如夫妻、邻里、同事间不和谐，均会使人陷入感情的沼泽，出现负性情绪，甚至形成仇恨。在被别人曲解和伤害时，本能的反应就是报复。然而，报复虽然能发泄怒气，减少心中的负荷而痛快一时，但会激化矛盾。因此，在生

活和工作中要避免陷入困境，最明智的选择就是宽容，做到宽容大度，化干戈为玉帛。

一位教师有一次外出开会，住在宾馆，吃饭的时候，有一位服务员不小心把一盘菜统统倒在了教师的裤子上，同桌的几个朋友纷纷训斥服务员，要求她快点把这位教师的裤子弄干净。服务员是一个十八九岁的小姑娘，闯了祸，加上众人的责备，稚气未脱的脸上满是惶恐，手足无措地站着说不出一句话。

教师本来也很生气，然而当他看到小服务员那双眼睛里流露出的惊恐和乞求的眼神，看到她那局促无助的样子时，到了嘴边的责备却变成了为姑娘解围的暖语："小姑娘，没关系，不要怕，以后小心点就行了。"看到小姑娘还没回过神来，他又说："没事了，小姑娘，快去忙吧。"小姑娘这才从窘态中反应过来，连声对教师说："先生，对不起，真的对不起！"教师对小姑娘点点头说："快去忙吧！"小姑娘满怀感激地给教师鞠了一躬，退出了房间。

在事后的十几天里，小姑娘每次见到这位教师都会道声："老师好！"通过和小姑娘交流，教师了解到小姑娘住在山区，家里的条件非常不好，她是刚从技校毕业的，自己找的这份工作。

假如当时教师把这件事告诉经理，她就会被辞掉，就会失去工作。但教师没有这么做，就是教师的宽容让小姑娘保住了这份工作。

在我们的交往人群中，什么样的人都会遇到，我们去沟通是为了结交朋友或解决问题，为此沟通时最需要的是宽容和理解。如何使自己的语言和表达方式最大限度地被沟通对象所接受，是能否顺利沟通的关键，这就需要当沟通过程中与被沟通对象的想法以及对事件的看法产生差异时，自己是否能够以宽容的态度去对待，也就是说在具体的细节上是否能适当地退却，以促成事件尽快解决。

不是所有的人都会说出好听的话，既能让我们理解、受用，又能发自内心地接受。这时候，你更需要宽容。例如，当别人提高声音时，你千万不要试图也提高声音，否则这样的沟通，将会很容易超过原本沟通的那种性质。这时要保持心平气和，降低对方欲要燃烧的内火。良好的沟通需要宽容的心做桥梁，宽容需要沟通来体现。只有宽容，才能相互了解，才能相互配合，才能减少麻烦，才能达到和谐。

认同原则：从对方角度想问题

与人沟通的过程中，最关键的一点就是"认同"，如交谈中的"我们是同行，都做采访""我也是这样想的""的确，有些事情就是这样有意思"等。当我们说出这些话时，对方会认为我们是站在他的角度、他的观点、他的立场上的。这样，我们与对方的话题就多了起来，接下来的交谈也会轻松愉快很多的。

张桂中与黄仁贵是一对无话不谈的好朋友。张桂中的人缘很好，他走到哪儿，就会给哪儿带来生机与活力。当别人讲话时，他会专注地倾听，让人感觉到自己很重要。人们都喜欢和他沟通，愿意与他在一起工作、学习和聊天。

一天，张桂中与黄仁贵坐在办公室里闲谈。黄仁贵向窗外望去，看到他很讨厌的一个人正在向他们走来。

"讨厌的人来了，我可不想搭理他。"黄仁贵说着，想出去

避开一下。

"为什么呢？"张桂中问。

黄仁贵解释说，自从到这个单位工作以来，他就看那个人不顺眼。他认为那个人跟别人说话时态度非常蛮横，是一个非常没有礼貌的家伙。

张桂中看着那个人说："看上去他没有那样招人厌烦啊，至少不像你说的那样。或许是你多想了吧，"他接着说，"或许是你在逃避他。你这样做，只是因为你讨厌他。而他可能也觉得你不怎么喜欢他，因此他对你也就不那么友善了。人们往往都喜欢那些喜欢自己的人，你怎样对待他，他就会以怎样的方式对待你。去跟他说说话吧。"

黄仁贵对张桂中的话半信半疑，想了一下后走到那个人面前，微笑着问他："你好，看你这身打扮，好像是刚休假回来。"那人看着黄仁贵，表现出非常吃惊的样子："你好你好，是啊，假期一结束，我马上就赶回来了……""假期过得还愉快吧？做咱们这行的就是这样，压力太大，你在家多休息两天再过来也不迟嘛。""压力肯定是有的。听说你这个月联系到了一个大客户，真是恭喜你啊……"

让黄仁贵没有想到的是，那个人完全不是自己所想象的那样，跟他交谈非常愉快。

黄仁贵利用给予对方"无条件认同"的沟通技巧，果然顺利打开了局面。可见，我们大多数人与人沟通时总是喜欢以自己的想法去衡量别人。每一次接触，我们都担心别人会怎样看待自己，其实，别人也在担心我们会怎样看待他们。假若我们不以自己的想法去衡量对方，而是从对方的角度想问题、认同对方，那么，我们也会得到对方认同。

没有人会喜欢一个谈话时只讲他自己，而不关心对方的人。人们只愿意和那些认同自己的人交往。

　　沟通中，让对方接纳我们的方法，就是给予对方"无条件认同"。这是心理学上一个很重要的原则。因为我们每个人都有"希望自己被别人关心"的欲求。

第三章

观人猜心，肢体语言会说话

沟通视窗理论及运用技巧

在肢体语言沟通中，一个循环的过程中包括两个非常重要的因素：说和问的行为。下面介绍一个非常著名的理论——"沟通视窗"。这个理论说明，当我们对说和问不同对待的时候，即说得多或者是问得多，就会使别人对你产生不同的印象，影响别人对你的信任度。

1. "沟通视窗"的信息四区间

（1）公开区：就是你自己知道，同时别人也知道的一些信息。公开区的信息，就是一些简单的个人信息，如姓名、性格、居住地、工作单位，等等。

（2）盲区：经常是关于自己的某些缺点，可能是自己意识不到而别人能够看到的缺点。这是你自己也不知道的关于你的信息，但是别人知道。盲区的信息，如性格上的弱点或者是平时自己不在意的一些不好的行为、习惯，等等。

（3）隐藏区：就是关于你的某些信息，你自己知道，但是别人不知道。这包括你自己的隐私，别人还没发现的你的性格爱好、行为习惯，等等。还有一种隐藏区的信息，别人不知道，只有你自己知道，如阴谋、秘密等。

（4）未知区：就是关于你的某些信息，你自己不知道，别人也不知道。比如，某人得病了，没有去医院检查，自己不知道，别人也不知道，但事实上早已得病了，只是还没有发现而已。

2.沟通视窗的运用技巧

任何一个人都有上述四种信息区间，在他人看来每一个人的这四种信息区间的多少是不一样的。

（1）在公开区的运用技巧：他的信息他知道，别人也都知道，这样的人我们感觉会是一个善于交往的人、非常随和的人，这样的人容易赢得我们的信任，容易与他进行合作性的沟通。要想使你的公开区变大，就要多说、多询问，询问别人对你的建议和反馈。这从另一个侧面告诉我们：多说、多问不仅是一种沟通的技巧，同时还能够赢得别人信任，是使别人以合作的态度与你坦诚沟通的重要保证。

（2）在盲区的运用技巧：如果一个人盲区的信息量最大，就会是一个不拘小节、夸夸其谈的人，他有很多不足之处，别人都看得见，而他看不到。造成盲区大的原因是他只爱说，不爱询问别人对他的建议和反馈。所以，在沟通中，你不仅要多说而且要多问，避免造成盲区过大的情况。

（3）在隐藏区的运用技巧：如果一个人隐藏区最大，那么关于他的信息，往往会只有他自己知道，别人都不知道。这是内心很封闭的人或者说是很神秘的人。这样的人我们对他的信任度肯定是很低的。我们在和他沟通的过程中，可能合作的态度就会少一些，因为他很神秘、很封闭，往往会引起我们的防范心理。为什么会造成在别人看来他的隐藏区最大？是他问的多，但是说的少。关于他的信息，他不擅长主动告诉别人，所以说如果别人觉得你是隐藏区很大的人或者别人觉得你是一个

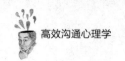

非常神秘的人，原因就是你说得太少了。

（4）在未知区的运用技巧：未知区大，就是关于他的信息，他和别人都不知道，换句话说，未知区大的一个现象就是他不说也不去问，可能是一些非常封闭的人，这种人不去问别人对自己的了解，也不主动向别人介绍自己。封闭很可能会使他失去很多机会，能够胜任的工作也就悄悄地从身边溜走了，可能别人不了解他能做这件事情，他也不知道自己能做这件事情。现在竞争变得越来越激烈，每个人都要努力去争取更多的工作机会，争取更多的机会来成就自己的事业，那么这种未知区很大的人，就很可能失去很多非常好的机会。

所以，要尽可能缩小自己的未知区，主动地通过别人去了解自己，主动地告诉别人自己能做什么。

动态肢体语言的表达

谈到由肢体表达情绪时，我们自然会想到很多惯用动作的含义。比如，鼓掌表示兴奋，顿足代表生气，搓手表示焦虑，垂头代表沮丧，摊手表示无奈，捶胸代表痛苦。当事人以此等肢体活动表达情绪，别人也可由之辨识出当事人用其肢体所表达的心境。

面对面的沟通当中，一半以上的信息不是通过词汇而是通过肢体语言来传达的。肢体语言是利用表情、体态传递感情信息。没有肢体语言，我们的世界和生活就缺乏生气和色彩。

以面部为例，美国学者伯德惠斯·戴尔等人研究认为："仅是人的脸部，就能做出大约25万种不同的表情。"一般来说，动态的肢体语言，主要有点头、搔痒、搓手、擦脸、捶背、伸腿、弯腰、相视而笑、挤眉弄眼等。

人的脸会说话，喜怒哀乐都会从脸上表现出来。正如古人所言："情在脸上现，怒从脸上生。"表情就是人的感情形象。它像谜一样微妙、复杂、极有魅力。表情不像语言那样有固定的概念内涵，它是有动感的，瞬息可变的，往往非常含蓄，富有暗示性，因而给人一种揣思回味的美。一张不善表情的脸就是一种缺陷，相反，一个生动的表情也许马上会使一副平庸的面孔顿时变得光彩照人。

吴秋敏是张雪平的上司，不久前两人因为工作上的一点小事互不相让，斗起嘴来，结果弄得双方都很不愉快，因此彼此视若异己，除了工作，互不往来。某日不巧相遇在一家大商场的楼梯上，两边人来人往，各自奔忙，可不知为什么，那一瞬间两人都感到似乎旁人正在注视着自己，而且俨然已经清楚了她们之间的恩恩怨怨。因此，为了表现自己的风度，也为了在大庭广众之下免于尴尬现眼，两人都不约而同地冲对方粲然一笑，然后点点头彼此擦肩而过。谁也没有开口说一句话，但双方都已意识到，之前两人的一切是是非非都在这一笑间烟消云散了。

吴秋敏与张雪平就是利用肢体语言化解了矛盾，其实，要运用好肢体语言，特别要注意位置和距离。例如，面对面说话，和稍微靠在对方的旁边并排说话，这两种位置的感觉截然不同。眼睛对着眼睛看，会使对方觉得浑身不自在，如此便不能很愉快地谈话。如果面对面谈话的话，当你想把自己的感情认真正经地传达给对方，或者你认为对方是个令你必须敬而远之的人时，你的这种感情也会传达给对方。这就是为什么必须站在稍稍旁边的位置上讲话。如果你正好是站在这个位置的话，那么，你一定会觉得谈话出乎意料的顺畅。

总之，我们如果能够得体地应用自己的目光、表情、手

势、姿态等肢体语言与别人进行非语言的交流，必然能增强对他人的感染力，使自己在与人进行交流的过程中，显示出卓越的沟通才能。

运用好静态肢体语言

心理学相关研究表明，即使人体处于静止状态，身体本身仍可用不同的方式"说话"。有人指出，人体大约可以做出1000种平稳的"说话"姿势。站、坐、蹲或倚的姿势便属这种方式；另一种方式则是以人与人之间保持一定距离来表示。

俗话说，"站有站相，坐有坐相"。这种无声的肢体语言与空间语言，对我们来说十分重要。

姿态包括站姿、坐姿和步姿。它们的要求如下。

1. 站要有站姿

一位在沟通场合中受人欢迎的人，最重要的是具备正确的站姿。因为站姿是我们日常生活中正式或非正式场合第一个引人注视的姿态。站姿分单人站姿和双人(或多人)站姿两种。

单人站立时，对姿势的基本要求是：全身笔直，挺胸收腹，略微收臀；精神饱满，两肩平齐，两眼平视，面带微笑；两臂自然下垂，手指自然弯曲；站累时，脚可向后撤半步，但上体仍然保持正直。

同时，在公众场合还应该避免不良站姿：弯腰曲背，甚至出现佝偻状，这是自我封闭或惶恐不安的表现；两腿交叉站立，给人以不严肃的感觉；双手或单手叉腰，这种站姿往往含有进犯之意；身体抖动或晃动，给人以漫不经心或没有教养的感觉；双手插入衣袋或裤袋中，显得不严肃或拘谨小气；双臂交叉置于胸前，显示出一个人的消极和防御态度等。

2. 坐要有坐相

良好的坐姿也是展现自己气质和风范的重要形式。良好坐姿的基本要求是：上身端正挺直，肩部放松，手可以放在腿上或椅子的扶手上，两腿并拢或稍微分开。女性可以采取小腿交叉的姿势，但不可以向前伸得太远，男性可以跷"二郎腿"，但不能跷得太高，不能抖动。不管是坐在凳子上还是沙发上，落座都要轻，要稳，不要猛起猛坐，弄得座椅乱响。

坐姿有严肃性坐姿与随意性坐姿两种。选用什么样的坐姿是受环境制约的，一些严肃认真的场合采用严肃坐姿，一些随和、非严肃的场合可以采用随意坐姿。

3. 步姿要优美大方

良好的步姿应该是：上体正直，抬头，两眼平视前方；跨步均匀，一般情况下男士步幅40厘米左右，女士步幅30厘米左右；步伐稳健，步履自然，要有节奏感；身体重心稍稍向前，脚尖微微分开，避免"外八字"或"内八字"迈步，两手前后自然协调摆动，手臂与身体的夹角一般在10~15度。

在沟通场合，应当根据不同语境表达的需要选用不同的步姿，但都要克服一些不良的步姿。比如，走路时身子乱晃乱摆；头抬得很高，双手反背于背后行走；外八字，而且一摇一摆，像鸭子走路；步子很大或很小。

眼睛语言凝聚着神韵气质

心理学研究表明，在人各种感觉器官可获得的信息总量中，眼睛要占80%以上。人内心的隐秘，胸中的冲突，总是不自觉地在不断变幻的眼神中流露出来。它犹如一面聚焦镜，凝聚着一个人的神韵气质。泰戈尔说："一旦学会了眼睛的语

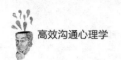

言，表情的变化将是无穷无尽的。"

孟子认为，从观察人的眼睛中可以知道人的善恶。他认为人的心底是善是恶，眼神是无法掩饰的。如何透过视线的活动了解他人的心态，对人与人之间的心理沟通，具有重要意义。

在沟通场合中，不同的目光，反映着不同的心理，产生着不同的心理效果。比如：

（1）一旦被别人注视就将视线突然移开的人，大多自卑。

（2）无法将视线集中在对方身上，并很快收回视线的人，多半性格内向，不善沟通。

（3）听别人讲话时，一面点头，一面四处张望的人，表示对来者和话题不感兴趣。

（4）与他人说话时，将视线集中在对方的眼部和面部，表示对他人的尊重和理解，是在真诚地倾听。

（5）说话不看对方，表示出你的怠慢、冷淡、心不在焉。

（6）仰视对方，则有尊敬和信任之意；俯视他人，是有意保持自己的尊严。

（7）伴着微笑注视对方，是融洽的会意。

（8）皱眉注视他人，是担忧和同情。

（9）面无悦色的斜视，是一种鄙意。

（10）看完对方突然一笑，是一种讥讽。

（11）圆眼瞪人，是一种警告或制止。

（12）从头到脚地观察别人，是一种审视。

（13）两人若心存好感，会注视对方的眼睛，以传情达意。

（14）话不投机时，则尽量避免注视对方的目光，以消除不快。

……

眼睛会传达出各种讯息，因此在人际沟通中，除了要"听懂"眼睛所"说"的话，也要学会如何用眼睛来"说话"。以上的叙述使我们明白，在与他人的沟通中，我们的目光落在对方身体的不同部位，会在极大程度上影响交谈的效果。

我们在沟通中运用目光时，要特别注意以下事项。

第一，在沟通场合说了错话或做了不自然动作的人，一定会感到很尴尬。这时你千万别盯着他的脸，看了一眼后要马上转移你的视线。这样，他会感激你的善意。

第二，在与他人交谈时，为了表示尊重，你可以注视对方的眼睛或脸部，但当双方缄默无语时，就不要再注视他的眼睛或脸部了。否则，会使对方感到冷漠、踟蹰不安，你们之间也会显得更尴尬。

此外，在掌握并正确运用自己的目光语言的同时，还应当学会"阅读"对方的目光。从对方目光的变化中，分析他的内心活动和意向。目光语言是千变万化的，但都是内心情感的流露。只要准确把握了目光语言，就能为沟通增光添彩！

不同场合的眼神运用技巧

据专家们研究，眼神实际上是指瞳孔的变化行为。瞳孔是受中枢神经控制的，它如实地显示着脑内正在进行的一切活动。瞳孔放大，传达正面信息，如爱、喜欢、兴奋、愉快等；瞳孔缩小，则传达负面信息，如消沉、戒备、厌烦、愤怒等。人的喜怒哀乐、爱憎好恶等思想情绪的存在和变化，都能从眼睛这个神秘的器官中显示出来。

因此，眼神与谈话之间有一种同步效应，它忠实地显示着说话的真正含义。与人沟通，眼神能帮你说话。

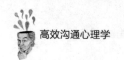

有的人不懂得眼神的价值，以至于在某些时候感到眼睛成了累赘，于是总习惯于低着头看地板或盯着对方的脚，这是很不利于沟通的。要知道，人们常常更相信眼睛。谈话中不愿进行目光接触者，往往让人觉得在企图掩饰什么或心中隐藏着什么事；眼神闪烁不定，则显得精神上不稳定或性格上不诚实，如果几乎不看对方，那是怯懦和缺乏自信心的表现。这些都会妨碍沟通。

除了从生理变化上洞悉别人内心世界，通过别人眼神也可以看出对方的看法、态度。在与人沟通中，不同的场合，眼神的技巧也不同。

1. 与个别人交谈眼神的运用技巧

个别交谈时，一定要注意不要自始至终对视，那样会使双方都处于紧张、不自然的状态。个别交谈时的目光还应注意依据内容的变化而变化。比如，询问对方身体状况及家人近况时用关切的目光；征询对方意见时用期待的目光；在对方表示了支持、合作的意向时用喜悦的目光；对方带来出乎意料的好消息时用惊喜的目光。总之，应最大限度地调动眼神的表现力，创造一个最佳的沟通气氛。

2. 小范围交谈眼神的运用技巧

在小范围场合，由于一个人不可能和在场的其他所有人都有对话机会，因而就要运用目光与在场的所有人沟通、联系，不让其中任何一个人感到受了冷落。比如，小型宴会上，当主人介绍同席宾客时，客人间可用目光互致问候；在小型会议上发言时，目光要顾及所有听众：时而环视听众席，时而和个别听者交流目光，时而虚视某一点，这样可以使听众感到你是在对他们所有的人讲话。

此外，眼神礼仪也不容忽视，那么，运用眼神礼仪的具体注意事项有哪些呢？

1.注视的时间

一般来说，当你与别人谈话30分钟时，对方看着你的时间，如果不足10分钟，说明他在轻视你，如果有10～20分钟，说明他对你是友好的；如果有20～30分钟说明两种情况：一是表示重视，二是表示敌视。也就是说，与别人谈话时，眼睛的注视时间最好要占谈话时间的三分之二。

2.注视的部位

通常，注视的位置在额头上，属于公务型注视；注视的位置在眼睛上，属于关注型注视；注视的位置在唇部，属于沟通型注视；注视的位置在胸部，属于亲密型注视。

3.注视的角度

一般来说，平视，表示平等；斜视，表示失礼；俯视，表示轻视别人。正确的做法是：当与人交谈时，目光应正视对方的眼、鼻三角区，以示尊重；当对方沉默不语时，就不要盯着对方，以免加剧他不安的尴尬局面。在整个交流过程中，还要特别注意，不要使用向上看的目光，因为这种目光常常会给人一种目中无人、骄傲自大的感觉。当然更不能有东张西望的目光，给人以缺乏修养、不懂得尊重别人的印象。

眼神能传达出大量的信息，这有助于双方之间的理解和沟通，如果你还不习惯于运用眼神的力量，那么赶紧去学习如何利用眼神传情达意吧。

手脸结合是部心理测谎仪

如何判断别人说了谎？了解肢体语言中的骗术，是最重要的观察技巧之一，手在脸部的动作正是欺骗的基本姿势。换句话说，当我们看到、说出和听到虚假的事情时，我们经常会用

手掩住眼睛、嘴巴、耳朵。

儿童的欺骗姿势非常明显。他说谎时，通常会用手捂住嘴巴，以免泄露口风；假如小孩不想听到父母的斥责，他会用手去遮住耳朵；当他看到他不想看的东西时，会用手或上臂遮住眼睛。随着年纪的增加，这些姿势仍然会出现，但是成人会修饰这些手在脸部的姿势，而且动作变得比较不明显。这里所谓的欺骗同时也有怀疑、不确定、说谎、夸张的含义。

有人做出手在脸部的姿势时，并不表示他或她就是在说谎，只是有说谎的可能，进一步观察他的其他姿势，将有助于确定事实。不要仅凭手脸姿势来评断，而不考虑其他因素。

美国心理学家摩里斯博士在一项研究中指出，当护士在角色扮演的情况下对病人说谎时，说谎的护士比其他说实话的护士出现更多手脸姿势。下面一些姿势是说谎的表现。

1. 捂嘴唇

捂着嘴唇的动作是少数成人姿势中与儿童类似的。大脑不自觉地指示手部，拇指按住脸颊，手掌盖住嘴唇，抑制正从口中说出的谎言。有时候这个姿势只是几根手指盖住嘴巴，或者是握紧的拳头按着唇边，但意义相同。

很多人会用假咳嗽掩饰捂嘴姿势。一些帮派分子或犯罪嫌疑人，在计划犯罪行动或被警察侦讯时，常用假咳嗽掩饰不诚实。

假如使用捂住嘴唇姿势的人正在说话，表示他正在说谎。如果他是倾听的一方，则表示他觉得"你"在说谎。

2. 摸鼻子

基本上，摸鼻子是捂住嘴巴的修正版，可能是在鼻子下轻轻擦拭好几次，或是快速得几乎察觉不到的轻触。有些女人则是轻柔而不连续地碰触鼻子下方，以免弄坏了脸上的妆。

摸鼻子的原因或许可以这样解释：负面想法一出现时，大脑潜意识命令手去掩住嘴巴。但在最后一瞬间，为了不使动作看起来太明显，手于是快速地碰触鼻子而后离开脸部。另外一种解释是：说谎引发敏感，使鼻子的末梢神经感到刺痛，于是需要摸鼻子以安抚这种不舒服的感觉。有人或许会有这样的疑问，如果摸鼻子的人只是鼻子过敏呢？区别的方法是，鼻子过敏的人摸鼻子的动作大而明显，而手脸姿势中的摸鼻子则动作轻微。和捂嘴姿势一样，说话者用来掩饰欺骗，倾听者则用来表示怀疑。

3. 擦眼睛

基本上"非礼勿视"是大脑企图排斥眼前所见的反应。如果说话者正在说谎，则眼光会避开对方的脸。男人通常用力擦拭眼睛，如果谎言情节严重，通常眼光会瞟向别处，一般是注视地板。女人则只在下眼皮轻微擦拭，一方面避免动作粗鲁，另一方面是怕弄坏了妆。她们的视线会移到别的地方，通常是天花板。

4. 摸耳朵

摸耳朵实际上是倾听者把手覆盖在耳朵周围或耳朵上，试图阻挡谎言进入的"非礼勿听"姿势，同时也是小孩用双手遮住耳朵抗拒责备的成人版。其他变化姿势包括：搔耳后、掏耳朵（手指尖在耳朵里面来回搔动）、拉耳垂或把整个耳朵弯曲向前盖住耳穴，表示听够了或可能有话要说。

5. 抓脖子

这个动作多半是右手食指在耳垂下方搔抓，或是搔弄脖子。我们观察到一个有趣的现象，就是抓的次数大约五次，几乎没有少于五次的，而多于五次的也是少数。这个姿势代表怀疑、不确定，无言地诉说"我不确定我是否同意"。口是心非时，一边抓脖子一边说："我能了解你的感受。"此时抓脖子动作特别明显。

6. 拉领子

摩里斯博士研究说谎者的姿势时注意到,说谎会引起纤细的脸部和颈部肌肉组织的一阵刺痛,需要摩擦或搔抓才能抚平这种感觉。这似乎合理解释了说谎又担心被逮住的人为什么会拉领子。当说谎的人感觉你怀疑他没有说实话时,他的脖子会轻微冒汗而需要拉拉领子。而当一个人觉得生气或沮丧时,他也需要拉拉领子以便冷空气流入衣领和脖子之间的空隙内。你要是看到别人拉领子,问句类似"请你再讲一遍好吗"或"请你澄清这一点好吗",将使可能正在说谎的人现出原形。

双臂合抱和双手摊平的寓意

如果你内心紧张、消极、充满敌意,采取双臂合抱的姿势肯定会使自己感觉好一些。它常见于一个人在陌生人当中,特别是在公开集会上、排队或电梯里,以及任何一个使人感觉不自在和不安全的场合。

我们来看下面一则例子:

鲁道夫在一家公司当小职员,每个月的收入维持一家三口的基本生活外,略有节余。生活一直过得很平静,但这种宁静平安的生活很快就被打破了。他楼下做五金生意的戴维改做酒吧生意。酒吧生意很好,一天到晚顾客不断。但这却苦了鲁道夫一家,醉鬼们的大喊大叫让鲁道夫一家大小都无法安静地睡觉,睡眠不好既影响工作也影响健康,鲁道夫脸色苍白哈欠连天地去上班,在工作中常常丢三落四。老板对此十分不满,警告鲁道夫说,如果再这样下去,只好让他另谋高就了。鲁道夫没有办法,只好来找戴维。

星期天的早上客人不是很多，戴维正在吧台清点账目。见了鲁道夫，有些傲慢地问道："早上好！"

"不，一点也不好，自从你改开酒吧以后。"鲁道夫说着话，将双手合抱在胸前，有些敌视地看着戴维。

戴维讪笑着说："我开酒吧呢，是有一点儿吵闹，不过习惯后就好了，你看我，不就习惯了。"

鲁道夫仍双手合抱着，提高声音说："越吵你挣钱越多，当然能心安理得地睡得着了，可我们无缘无故地遭此骚扰，你说恼不恼火？"

"你想怎样？"戴维走出吧台，也将双手抱于胸前，敌视地看着鲁道夫。

鲁道夫知道戴维结识了不少地痞流氓，这时酒吧的保安也走了过来，挑衅地看着他，他心里难免有些紧张，下意识地紧了紧合抱于胸前的双手，消极地说道："我能怎么样？只是希望戴维先生能为我们这些邻居考虑考虑。"

"当然，我会考虑的，叫他们不要太吵。"

"这就好！"鲁道夫见好就收，抱着双臂离开了酒吧。

但酒吧仍是我行我素，鲁道夫只得搬到另一个地方居住。

在这个案例里面，鲁道夫面对不利的局面，采取了抱着双臂的姿势。还有一种情况，那就是你在演讲时，人们对所听内容不以为然时，大都会采取这种双臂合抱的姿势。请记住，只要对方双臂合抱的姿势出现在你面前，对方的否定态度就不会消失。须知，是你让对方采取了这种态度，最明智的做法就是努力改变自己的观点，让合抱的双臂松开，友好的情绪也就从这松开的一刻开始。

有史以来，张开双手摊平，一直与真实、诚恳、忠诚及服从的概念联系在一起。

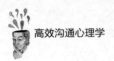

我们来看下面这则例子：

潘海静想开一家时装店，她对时装情有独钟。开时装店需要很大一笔钱，但她手里的积累连租门面都不够，她找到好友徐艳敏商量。徐艳敏见潘海静兴趣很高，不想泼她的冷水，打开保险柜。拿出了所有的现金和信用卡，摊开双手，对潘海静说道："喏，就这些了，够不够？"

"OK，够了够了！太谢谢你了，徐艳敏！"

在徐艳敏的支持下，潘海静的时装店顺利地办成了。开张那天，徐艳敏来祝贺，潘海静一见徐艳敏，激动地摊开双手，笑着说道："哈喽！真诚地欢迎你，徐艳敏！"

两位好友紧紧拥抱在一起。

潘海静的服装店生意很红火，潘海静却没有归还徐艳敏的钱。徐艳敏因没有大的用处，也没有找潘海静要那一笔钱。大约过了一年，徐艳敏的姨妈住院，需要一大笔钱做手术，徐艳敏和姨妈感情很好，自然不会袖手旁观，徐艳敏就想要潘海静能还一部分钱给她，她到潘海静的时装店，委婉地说明了来意。潘海静的态度却有些暧昧，推说店里生意不好，没赚钱。

徐艳敏见潘海静的店里客来人往，只一会儿就做成了几笔生意，她双手摊平，问潘海静道："真是这样的吗？"

潘海静一见徐艳敏这手势，就想起当初徐艳敏帮助她的情景，脸一下子就红了，把钱还给了徐艳敏，现在两人关系一直相处得很好。

从这则故事我们可以看出，双手摊平，表示诚恳、真实，同时也能鼓励对方诚恳相待。在生活中，我们不妨也经常将双手摊平，多给他人以诚恳的印象。这样，你在任何人心目中的形象都会是美好的。

当与他人交谈时，一旦看到对方摆出了双臂交叉的姿势，我们就该立刻意识到自己已经不受欢迎了。这时候应该迅速反思：我是否说了一些让他不高兴的话？我是否表达了他不能同意的观点……如果你希望谈话继续进行下去，那么就该想办法找出让对方出现这种姿势的原因，尽快使对方转变态度。不如自己将双手摊平，用善意来化解对方的抵触情绪，这就是手势语言的魅力。

恰当地运用手势表情达意

俗话说，"心有所思，手有所指"。手的魅力并不亚于眼睛，甚至可以说手就是人的第二双眼睛。手势表现的含义非常丰富，表达的感情也非常微妙复杂，有时会为沟通形象增辉。比如，招手致意、挥手告别、拍手称赞、拱手致谢、举手赞同、摆手拒绝，等等。

掌握正确的手势礼仪，首先要求我们在使用手势礼仪时务必注意以下事项。

在沟通中，为了增强说话者的语言感染力，一般可以考虑使用一定的手势，但要切记手势不宜过多，动作不宜过大，切忌"指手画脚"和"手舞足蹈"。

打招呼、致意、告别、欢呼、鼓掌属于手势范围，应该注意其力度的大小、速度的快慢、时间的长短，不可过度。切忌为了使掌声大而使劲鼓掌，应自然终止。鼓掌要热烈，但不要忘形，一旦忘形，鼓掌的意义就发生了质的变化而成喝倒彩、鼓倒掌，有起哄之嫌，这样是失礼的。注意鼓掌尽量不要用语言配合，那是无修养的表现。

在任何情况下都不要用大拇指指自己的鼻尖和用手指指

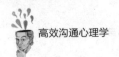

点他人。谈到自己时应用手掌轻按自己的左胸，那样会显得端庄、大方、可信。用手指指点他人的手势是不礼貌的。

一般认为，掌心向上的手势有诚恳、尊重他人的含义；掌心向下的手势意味着不够坦率、缺乏诚意等；攥紧拳头暗示进攻和自卫，也表示愤怒；伸出手指来指点，是要引起他人的注意，含有教训人的意味。因此，在介绍某人、为某人引路指示方向、请人做某事时，应该掌心向上，以肘关节为轴，上身稍向前倾，以示尊敬。这种手势被认为是诚恳、恭敬、有礼貌的。

另外，不同国家、不同地区、不同民族，由于文化习俗的不同，手势的含义也有很多差别，甚至同一手势表达的含义也不相同。因此，只有了解手势表达的含义，才不至于无事生非。

掌心向下的招手动作，在中国表示招呼别人过来，在美国表示叫狗过来。

跷起大拇指，一般都表示顺利或夸奖别人。但也有很多例外，在美国和欧洲部分地区，表示要搭车，在德国表示数字"1"，在日本表示数字"5"，在澳大利亚就表示骂人了。与别人谈话时将拇指跷起来反向指向第三者，即以拇指指腹的反面指向除交谈对象的另一人，是对第三者的嘲讽。

OK手势，即拇指、食指相接成环形，其余三指伸直，掌心向外。OK手势源于美国，在美国表示"同意""顺利""很好"的意思；而法国表示"零"或"毫无价值"；在日本表示"钱"；在泰国表示"没问题"，在巴西表示粗俗下流。

V形手势，是二战时英国首相丘吉尔首先使用的，是表示"胜利"。如果掌心向内，就变成骂人的手势了。

手势在沟通活动中，无论是交谈、谈判还是演讲，使用的频率都很高，范围很广泛。手势能辅助有声语言表情达意，又可以展示个性风度，在"体语"大本营中，它是一个引人注目的"角色"。手势有两大作用，一能表示形象，二能表达感情。恰当的手势不仅有助于表达情感，而且有很大的包容性，往往是"无声胜有声"。

手势语"词汇"丰富，千变万化，没有一个固定的模式。作为一个出色的沟通高手，平时要认真观察生活，刻苦训练，积极付诸实践。

通过握手有效地传达信息

肢体语言在人际交往过程中所发挥的作用日渐突出，以握手这一普遍现象为例。

握手是现代社会交际中一种最普通的礼仪，它是世界上最通行的常用礼节。在各类商务、公务及普通的社交场合，握手礼是使用最频繁的礼节形式，不同的握手方式展现给人不同的形象。

与人握手时，握得较紧较久，可以显示出热烈和真诚来，给人留下深刻印象。

玛丽·凯·阿什是美国著名的企业家，她是退休后创办玫琳凯化妆品公司的。开业时，她的雇员仅有10人，20年后她将其发展成了拥有5000人，年销售额超过3亿美元的大公司。

玛丽·凯·阿什在其垂暮之年为何能取得如此巨大的成就？她说，她是从懂得真诚握手开始的。

玛丽·凯·阿什在自己创业前，在一家公司当推销员。有一次，开了整整一天会之后，玛丽·凯·阿什排队等了三个小时，希望同销售经理握握手。可是，销售经理同她握手时，手只与她的手碰了一下，连瞧都不瞧她一眼，这极大地伤害了她的自尊

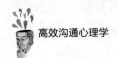

心，她的工作热情再也调动不起来了。当时，她下定决心："如果有那么一天，有人排队等着同我握手，我将把注意力全部集中在站在我面前同我握手的人身上——不管我多么累！"

果然，从她创立公司的那一天开始，她多次同人握手，总是记住当年所受到的冷遇，公正、友好、全神贯注地与每一个人握手，结果她的热情与真诚感动了每一个人，许多人因此心甘情愿地与之合作，于是她的事业蒸蒸日上。

事实上，用力握手是一门学问，握手愈用力，愈可以给对方留下深刻的印象。反过来说，若是对方用力地握你的手，你也会下意识地用力握回去，以免自己居下风。某一个国家的领袖访问外国时，电视的新闻报道中，出现了两位国家元首握手的历史镜头。当时，某一方握着对方的手，用力摆动了好几次，使对方在那一瞬间露出迷惘的表情，给人留下很深的印象。虽然我们不清楚他们会谈的内容，也不知道谈论的结果如何，但如果从握手时的情况来说，被对方用力摇摆好几次而露出迷惑表情的一方，无疑是处在被动的地位。

仔细地观察一些政治家在竞选时的表现，你会发现他们一连与数十人甚至数百人握手后，手变得煞白，没有一丝血色，不难推测那是握手时过于用力所致。但这也从另一方面反映出握手的重要性。

握手，按字面理解为手与手的结合，但这种状态能发展成为心与心的沟通，即人们能够更多地从中感到一种强烈的连带关系。通过这种有力的握手，对方会对你的诚意、热情，特别是坚强的意志、强硬的外表等留下深刻的印象。

政治家强有力的握手正是出于这样的心理，不想被对方"欺压"，就要采取比对方更有力的手段，只有这样才能取胜。

紧握对方的手会令他感到一种压力，尤其是在第一次见面时，这往往是一件很有效的武器。当你出人意料地用手握住对方的手时，被握着人的第一反应就是猜想："对方是不是很有自信？""他这种握手方式是不是有别的特殊含义？"通过这用力一握让对方处于被动立场，这也是说服对方的必要措施。

当然让你用力握手，并不是说你得像运动员或摔跤手那样去握别人的手，那样别人会吃不消的。

当与高层的领导人握手时，他们的手是松松地伸出给你握的，所以不能用力去握高层领导人的手。因为他每天要握很多次手，每次都用力会导致疲劳。

此外，握老人的手不能太用力。一次，一名学生去见一位退休的老演员林老师，他伸出两只手去握她的一只手，还用力抖了几下，林老师急呼："别抖，别抖，我的胳膊刚刚骨折。"其实我们都能想象出，像他这种年轻人，用大学时玩单杠双杠的手去抖老太太的胳膊，好的胳膊也会骨折的。

握手可以表现出一个人是否饱含真诚。真诚的人握着你手的时候是暖暖的，虽然他手的实际温度或许并不高，但他的真诚通过两只手热情地传递过来，让人对他产生了一种真诚的信赖和好感。

有些人跟别人握手时显得很不真诚，只是做做样子，往往只轻握一下便松开，软绵绵地没有力气一般。

有一个经理人说："我不想和那个客户做生意，他是我见过的握手最无力的人，手冷冰冰的，我们每握一次手，我对他的信赖就减低一分，因为握手软弱无力的人缺乏活力，缺乏真诚。"

有些人跟人握手时，只不过是轻轻一碰就松开，而且是一面与人握手，一面斜视其他地方，或东张西望，这是极不尊重对方的表现。这些缺乏真诚，不尊重对方的毫无活力的握手对形象是有百害而无一利的。

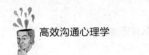

社交场合的握手礼，常常能折射出一个人的礼仪修养。如果与人握手时左手还插在口袋里，显然是毫无诚意；如果眼睛东张西望，或是伸出的手给对方一种有气无力的感觉，或是握得太紧让人难堪，或是生硬地摇动都会令人不悦，印象不佳。恰到好处、优雅自然的握手应是简短有力地一握，两眼愉快地凝视对方，表达出你温和、友善的心意和渴望进一步交往的美好愿望。

行握手礼时，应距离受礼者一步左右，上身稍向前倾，左脚稍迈向前一点，伸出右手，四指并齐，拇指张开与受礼者握手。手要上下略用力摆动，然后与对方的手松开。年轻者对年长者、身份低者向身份高者施行握手礼时，则应稍稍欠身表示态度谦恭，用双手握住对方的手，以示尊敬。男士与女士握手时，往往轻握女子的手指部分，但较熟的人或朋友可例外。关系十分亲近又久未见面的人，可边握手边问候，两人的手长时间握在一起，以表示双方的心情。

注意不要轻握男人的手指或是将女士的手握痛了，也不要骑在自行车或在公交汽车上与人握手。

避免使用的肢体语言

人们通过身体的坐卧立行等姿势表现出的情感、意向、态度等各种信息的综合就是肢体语言。俗话说，"站有站相，坐有坐相"，不同的场合要有不同的身体姿势。不过，潇洒、自然、大方、得体的身姿总是令人赏心悦目的，而矫揉造作、扭捏作态的身姿最让人厌烦。

所以，如果你希望你的体态、面部表情和手势表现出自信、和谐和放松，你就要避免使用下面这些肢体语言。

1. 懒散的体态

办公室里有些椅子可能会很舒适，尤其是会议室里的大沙发椅，因此你很可能就会斜靠在椅子上，显得悠然自得。可惜的是，当你这样做的时候，无论你坐在一种什么样的椅子上，都会让你显得过于放松，你传达的信息也就少了些分量。如果你希望自信地讲话，并且希望别人严肃地对待你的话，这样做就会使你的期望与现实正相反。

2. 侵占空间

当人们站着讲话并试图在沟通中表现得积极时，最容易这样做。如果你在讲话时过于接近其他人，别人就会觉得不舒服。当然，如果他是躺在你面前的话，你超越平时的距离自然是合理的做法。

对此，任何人都无法找到一个快速有效的规律来定义在任意给定的沟通场合中人们之间的距离到底为多少才是安全的。一般来说，两个人越是熟悉，关系越是友好，他们交谈时的距离就会越近，而不会感到不舒服。但是，无论怎样，你肯定不想有什么东西就在你的面前。有时候你表现出这种行为是由于你的态度强硬或被你听到的信息所激怒——你可能会被攻击。距离越近，声音越大，但不一定能更好地说服别人接受你的观点，可能往往会起反作用。

3. 面无表情

这里主要指面部没有情绪变化。当你需要向别人表达重要的信息时，如果面部没有情绪变化，就说明你对自己的信息缺乏热情。如果你自己看起来对表达的信息都不感兴趣，那么其他人很快也会有同样的感觉。你们的沟通也就无有效可言了。

4. 表情严厉

这种表情通常表现为眉毛紧蹙，是种不具吸引力的做法，会让倾听者感到厌恶。如果不是出于被迫，他们是不愿意参与

其中的。这种表情会在某种程度上增加或夸大你论调的尖锐程度——也会使你陷入攻击式讲话方式。

5. 居高临下

这里是指，当你站着讲话时，倾听者常常或者比你矮或者是坐着的。长期居高临下的谈话会让倾听者因距离太近而感到不舒服。如果你又提高声音的话，就会更有威胁的意味了。所以，请你记住，当你和别人谈话时，请确保你们在同一个水平面上。这里的水平面是指在物理上处于同一高度。因此，只有当两个人坐在一块儿时，才能够处于同一水平面上。

6. 表现出威胁性的手势

最常见的例子就是手指指向他人，或者用拳头敲桌子。这些行为经常传达出一种态度强硬的信息，会让你表现得具有攻击性而不是自信。因为这种行为具有胁迫倾听者的意思，所以，即使它们不让人反感，也绝不是积极的因素。

7. 讲话时没有手势

有时人们讲话时会习惯性地把双手插进口袋里，有的人还会将双手放在桌子下面，有的人双手交叉紧紧贴放在腿上。当你表达信息时，如果双手看起来好像不受支配或者不出现在视觉范围内，你就放弃了为积极吸引他人注意力可以使用的最强的有利因素。这种时候，别人会误认为你是呆板而羞怯的，这种行为会让你陷入退让式的讲话方式中，不利于沟通。

8. 交叉双臂

讲话时交叉双臂与听话时不同。听别人讲话的时候，只要看起来不是很紧张，交叉双臂会使你显得放松，有助于你接听别人的信息。而当你讲话的时候，交叉双臂就会让你显得冷淡，并且对自己传达的信息没有兴趣。

9. 表现出转移大家注意力的习惯

拾取东西、抓痒、撩头发和戴首饰是人们对别人讲话时容易表现出来的一系列的行为习惯。这些习惯容易分散倾听者的注意力，让他们不再注意听取你所讲的信息，而是把注意力转移到你的身上。这样一来这些动作很有可能会让人们感到厌烦或由于这些因素失常而发笑。

当你明白了以上肢体语言误用的后果后，就要尽力避免自己在沟通中犯同样的错误，让沟通顺利进行下去。

第四章

心理博弈，不动声色占主动

沟通高手必善体察人心

遗传学告诉我们，人的体态外貌同性格有一定的关系。但是这种关系究竟如何，到现在为止谁也不能做出肯定而完美的答复。事实上，认识一个人单凭外貌是不牢靠的，即便是老牌侦探也常常失误。外表相貌只是一种参考，还要通过对穿着打扮、身态姿势、动作行为、表情神态等的观察，才能推测和判断其内心世界。

人们的言与色有时是简单外露的，这时对它的体察是容易的；有时是复杂隐蔽的，这时对它的体察就比较困难。一般来说有以下几点应注意。

1. 性格定向和语言定位

沟通中的察言观色，说到底是对对方言谈举止、神态表情的微妙变化及其含义进行捕捉和判断，是一个"由表及里"的过程。性格定向和语言定位，是这个过程的第一步。

性格定向就是通过对其表情、言语、举止的观察分析，掌握其性格类型。你可以甩出一两个对方很敏感的问题，静观一下他的反应方式和程度。值得注意的是，这种观察一定要细致入微，千万不要因为对方看上去似乎毫无反应，就断定他是傻瓜。在摸透了对方性格类型之后，就要设法捕捉最能反映他思想活动的典型动作和典型部位，也就是"语言点的定位"。眼、手、腿、脚，身体每一部位的肌肉，都可能是"语言点"的所在。

有些现象的含义人们是很清楚的。例如，腿的轻颤，多是心情悠然的表现；双眉倒竖，二目圆睁，是愤怒的特征；而微蹙眉头，轻咬嘴唇，则是思索的含义。另外，还应该特别注意对方的手，尽管许多人可以巧妙地掩饰许多东西，但还是存在一些普遍性的动作。比如，愤怒时握紧双拳，或是将纸烟、铅笔之类的东西捏坏，甚至可能两手发颤；兴奋紧张时，双手揉搓，或者简直不知道该把手放在什么地方；思索时，手指在桌面、沙发扶手、大腿等地方有节奏地轻敲，等等。

2. 抓住"决定性瞬间"

任何一个人，对自己神情的掩饰，都不可能达到绝对滴水不漏。关键问题是，你在对方错综复杂的神情变化中，能否准确判断哪一个变化是有决定性的。对于机智的人来说，其弥补失误的本领也是异常高超的。他不可能让你长时间地洞悉到他的破绽。因此，时机对你非常宝贵。至于究竟什么才是这种"决定性瞬间"的具体显现，怎样才能将其判明并抓住，那只能具体情况具体分析，凭借你的经验和感觉来定夺，无固定模式可循。

3. 主动探察

察言观色，不能理解为被动式的冷眼旁观。事实上，主动进攻，采用一定的方式、手段去激发对方情绪，才是迅速、准确把握对方思想脉络的最佳途径。这里包括以下几点。

（1）施放诱饵。你可以若有若无地用一些对对方具有吸引力的话题，判断出对方的心中所想，摸清对方神情变化及心理活动的一般特点和语言点位置。

（2）激将法。你可以用一连串的刺激性问题，攻击对方，使其兴奋，进而失去对自己情绪的控制；你还可以做出一些高傲、看不起对方的姿态，对他的自尊造成一种威胁，激发他的情绪。

语言探底，摸清对方脾气

人是社会的人，处于复杂的人际网络中，只有知道如何洞察他人并善加研究各式各样的人物，才能在沟通中左右逢源、游刃有余。那么，如何洞察人心呢？下面向你介绍怎样通过语言探底，来摸清对方的脾气。

1.通过谈话内容的重点来认识他人

谈话是概括性的，注重事物的结果，关心宏观的问题，属领导型人物。这类人沟通多为亢进型与控制型，有较强的独立性，有支配欲、主观性。

叙事具体，注意具体细节及过程，这种人适合于做琐碎的事务性工作，交往类型多为支持型与分析型，支配欲不强，交往中有顺从性，独立性不强。

说话声调很高的人，性格浮躁，同时也任性。

2.通过讲话速度来认识他人

讲话速度快而急，一般是个脾气急躁之人。办事虎虎有生气，但瞻前顾后不够，有粗枝大叶的毛病。

讲话速度快而不急的人，办事果断，富有远见，不易改变主张。

此外，我们还可以从口头语了解他人性格。心理学家指出，每个人都有口头语。口头语虽没有什么实际的意义，却是在日常说话时逐渐形成的。之所以形成某一口头语，和一个人的性格有一定的关系。通过它可以对一个人进行观察和了解。

经常使用"其实"的人，自我表现欲望强烈，希望能引起别人的注意。他们大多比较任性和倔强，并且多少还有点自负。

经常使用流行词汇的人，热衷于随大流，喜欢浮夸，缺少个人主见和独立性。

经常使用外来语言和外语的人，虚荣心强，爱卖弄和夸耀自己。

经常使用"这个……""那个……""啊……"的人，说话办事都比较小心谨慎，一般情况下不会招惹是非，是个好好先生。

经常使用"我……"之类词汇的人，不是软弱无能想得到他人的帮助，就是虚荣浮夸，寻找各种机会强调自己，以引起他人的注意。

经常使用"真的"之类强调词汇的人，多缺乏自信，唯恐自己所言之事的可信度不高。但恰恰是这样，结果往往会起到欲盖弥彰的作用。

经常使用"你应该……""你不能……""你必须……"等命令式词语的人，多专制、固执、骄横，但对自己充满了自信，有强烈的领导欲望。

经常使用"我个人的想法是……""是不是……""能不能……"之类词汇的人，一般较和蔼亲切，待人接物时，也能做到客观理智，冷静地思考，认真地分析，然后做出正确的判断和决定。不独断专行，能够给予他人足够的尊重，反过来也会得到他人的尊重和爱戴。

经常使用"我要……""我想……""我不知道……"的人，多思想比较单纯，爱意气用事，情绪不是特别稳定，有点儿让人捉摸不定。

经常使用"绝对"这个词语的人，武断的性格显而易见，

他们不是太缺乏自知之明，就是自知之明太强烈了。

经常使用"我早就知道了"的人，有表现自己的强烈欲望，只能自己是主角，自己发挥。但对他人而言却缺少耐性，很难做一个合格的听众。

若想通过口头语言更好地观察、了解和判断一个人的性格如何，需要在生活和与人交往中仔细、认真地揣摩、分析，遇到不同的人，就用不同的语言去沟通，这样，才会逐渐变成沟通高手。

由谈话内容洞察人心

在与人沟通谈话时，谈话者不一定会完全说出自己，但多半能透露自己。于是，在不知不觉中，在有意无意间，谈话者用每一句话描绘着自己的画像。

因此，注意听人们说了些什么，在各种各样的、丰富多彩的谈话内容中，总能发现一些有益的东西。

1. 从谈话内容看性格

如果一个人常常谈论自己，谈其经历、看法、态度、个性等，一般说来，此人性格较外向，感情较强烈，主观色彩较浓厚，比较愿意自我公开，不过，也有可能沾了一点儿爱炫耀、爱虚荣的边。

相反，如果一个人谈话时很少涉及自己的经历、看法、态度、情感等，则说明此人性格较内向，情感较内敛，主观色彩不太浓厚，不太注重自我表现，通常较为自卑、闭锁，不过不排除是由于城府很深、心有计谋。

2. 从谈话内容看情趣

一个人最爱谈论、最常谈论的往往正是其兴趣所在的论题。因此，从一个人的经常性话题，可以大致看出其兴趣、抱负和个性。

一个人谈论生活琐事较多，那么此人属于安乐型的人，比较关心生活的舒适和安逸；谈论国家大事较多，那么此人属于事业型的人，比较注重事业的成就；如果喜欢畅谈未来，那么此人属于幻想型的人，比较注重计划和发展；如果谈论自然现象较多，那么此人的生活较有规则，比较严谨，注重精确性；如果谈论社会现象和人际关系现象较多，那么此人具有相当丰富的社会经验。

如果一个人平时不愿意评价别人，即使偶尔谈到，当面的与背后的言论也较为一致，那么此人是正直诚实的；如果一个人喜欢评头论足，对别人当面赞扬、背后诋毁，那么此人多虚伪，嫉妒心较重。

3. 从比喻、形容看经历、好恶

一个人经常使用的比喻、形容可以反映其经历和思想，比如有个人常比喻自己的生活道路是正驾船迎着恶风向着远方的海港驶去，是"朝着自己的目的地""破浪前进"；他对朋友们的劝告也常是"确定好航向"，以便确切知道"向什么地方行驶"。从这些我们可以推测他是海员出身。不仅如此，我们还可以推知他的人生哲学。

从一个人常用的比喻、形容中还能看出其对事物的评价标准。比如，有位男子赞叹时常常使用的形容词是"有力的""强健的""势不可当的"；而对不喜欢的事物常用"软弱的""微小的""无意义的"等来形容，由此可以看出，他对事物的评价在很大程度上是依据力量和规模。一位爱好艺术的姑娘，常用"美"或"丑"来评价其周围的事物，"美"或"丑"即是她判定事物的标准。

此外，用这种方法还可以推测一个人的情绪。一般来说，

如果在几分钟随便的谈话中，一个人根本没有使用表示怡悦的词，而老是抱怨"恶劣的"气候，"越来越贵的"物价，"骇人听闻"的新闻，以及"乱糟糟的"交通秩序等，那就不用说，此人心绪糟透了。

做到有控制性地提问

提问在沟通活动中处于主动地位。一个"问"提出来，就决定了对方说不说、说什么、怎么说，也决定了双方的交谈程序和沟通气氛。所以，"问"具有一种控制能力，提问艺术也包括了这种控制技巧。

1.控制对方的回答

回答问题本来是被问人的事，但有时问话人可以在一定程度上控制对方的回答。

罗斯福在当选美国总统之前，曾在海军里担任要职。一天，一位朋友向他打听海军在加勒比海一个小岛上建立潜艇基地的计划。罗斯福向四周看了看，压低声音问："你能保密吗？"

"当然能。"

"那么，"罗斯福微笑着说，"我也能。"

委婉含蓄的拒绝，轻松幽默的情趣，既表达了自己不能泄密的原则立场，又没使朋友尴尬难堪，这种控制对方回答的提问产生了非常好的效果。

2.控制沟通气氛

两人问答时，气氛是紧张还是融洽，对沟通效果很有影响。沟通气氛可以由提问的问题和方式来控制。比如：

审讯犯人：

"你昨晚去没去会计室？"

"去过。"

"一个人还是几个人？"

"一个人。"

"去干什么？"

"偷钱。"

"偷没偷？"

"偷了。"

运用选择问句的句式和严肃的语气，使气氛紧张，使犯罪嫌疑人心理产生压力，从而收到较好的效果。

3. 控制自己由提问到表达的转变过程

有时人们提问不是要对方解疑，而是要对方听自己表达，这就有个由自己提问到自己表达的转变过程。有两种方法可控制这个过程。

（1）诱导提问法，即用一个问句诱导对方说出自己要他说的话，然后接过话头，表达自己要表达的意思。例如：

电车上，一位先生给一位太太让座。这位太太一声不吭就坐下了。先生问："嗯，您说什么？"

"我没说什么呀？"

"哦，对不起。我以为您说了'谢谢'呢。"

这位先生的提问是为了引出自己后面对女方的批评，显得含蓄而又不失分寸。

（2）步步设问法，即不立刻说出自己的观点，而是连续设问，让对方顺着自己的思路做出肯定的答复，最后服从自己的思想。

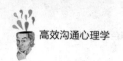

孟子在批评齐宣王不会治国时就是采用这种方法。

孟子问："假若您有一个臣子，把妻室儿女托付给朋友照顾，自己到楚国去了。等他回来时，他的妻子儿女却在挨饿受冻。对这样的朋友，该怎么办呢？"

王答："和他绝交。"

孟子说："假若管刑罚的长官不能管理他的部下，那该怎么办？"

王答："撤掉他！"

孟子又问："假若一个国家治理不好，那又该怎么办？"

王这时只好"顾左右而言他"了。

这里，如果孟子开始就问第三个问题，那必然会引起齐宣王的愤怒。因此孟子先设两问，诱导齐宣王做出肯定的回答，然后才提出"应该怎样处置不会管理国家的国君"这个他最终要提问的问题，这当然使齐宣王无以答对了。

总之，问话的目的是引起两方谈话的兴趣，而不是使任何一方没趣。如果我们的提问能使答者滔滔不绝、十分尽兴，那便是问话的最高本领。

选择对方感兴趣的话题

据说每一个拜访过美国总统西奥多·罗斯福的人，都会对他渊博的知识感到惊讶。哥马利尔·布雷佛写道："无论是一名牛仔或骑兵、纽约政客或外交官，罗斯福都知道该对他说什么话。"他是怎么办到的呢？很简单。每当有人来访的前一天晚上，罗斯福都会翻读这位客人特别感兴趣的话题的资料。因为罗斯福知道，打动人心的最佳方式是：找准话题，与对方心灵产生共鸣。

说话的吸引力来自对话题的兴趣。如果不知道对方喜欢什么话题，你可以提出一些问题进行试探。如果一个话题谈不下去的时候，就要赶紧转换话题了。

1. 从对方得意的事情说起

每一个人都有自认为得意的事情，这事情本身究竟有多大价值是另一个问题，但在他本人看来却是一件值得终身纪念的事。你如果能预先打听清楚，谈话时在有意无意之间，很自然地讲到他得意的事情，只要他对你没有厌恶的情绪，只要他目前没有其他不如意的刺激，在情绪正常情况下，他一定高兴地听你说。比如，他最近做成一笔发财生意，你去称赞他目光准、手腕灵，引得他眉飞色舞，趁机稍示来意，也是好机会。诸如此类的例子很多，全在于你随时留心，善于利用。

2. 选择对方感兴趣的话题

如果想要交朋友，并成为受人欢迎的沟通者的话，就要用热情和生机去应对别人。接触对方内心思想的妙方，就是和对方谈论他最感兴趣的事情。但如果我们只想让别人注意自己，让别人对我们感兴趣，我们就永远也不会有许多真挚而诚恳的朋友。对别人漠不关心的人，他的一生困难最多，对别人的损害也最大。

小林是保险促销员，一次，他去拜访一位大客户——某公司的经理王先生。见面之后，小吴先对自己公司的险种做了大体说明，使王先生有所了解。但是，王先生在听的过程中几次哈欠连连。

就在这时，小林发现王先生背后的书橱里放着许多关于《论语》方面的书，并且办公桌的案头也有一本《论语》。于是小林

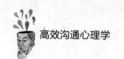

眼前一亮，找到了突破口。小林说："王先生是不是对中国的古典文化非常感兴趣，尤其是《论语》，您应该有高妙的见解吧？"

本来昏昏欲睡的王先生听到小林谈到《论语》，一下又有了精神，说："嗯，我对《论语》非常感兴趣，对于丹讲的《论语》有的地方是赞同的，有的地方也是有保留意见的。"

小林顺势说："其实，我也看过《百家讲坛》于丹讲的《论语》，但是我研究不多，听不出她讲的还有不对的地方！如果有时间还希望王先生您能不吝赐教。"

王经理马上被吸引了过来，一下子有了兴致，和小林讨论开来。而且，在讨论的过程中，两个人简直就是相见恨晚，保险单也顺利地签了，小林还和王经理成了朋友。

这个故事从心理学的角度来看，非常容易解释，一般情况下，当人们遇到自己感兴趣的话题时，就会投入十二分的热情；但是，如果对话题没有丝毫兴趣，即使对方热情高涨，自己也会昏昏欲睡。

3. 投其所好

与人交流投其所好很关键，如果你的言语能够得到对方的认可，那么他对你的认知度会直线上升，而且更容易接受你。对人说话，应该投其所好。能够投其所好，你的话才能在对方心中发生作用。反之，则发挥不了效用。

俗话说，话不投机半句多，言逢知己千句少。要想打开交际的大门。就要学会对着对方心窝说话，让美好动听的语言走进对方的心田。

例如，"这是为您做的""如果您这么做，您将会从中受益无穷""这将会给您的家庭带来欢乐""您会从中得到好处"，等等。

我们中的大多数人不会对他人产生影响力，因为我们总是忙着考虑自己，忙着谈论自己。请记住这样一个事实：你是否对谈话感兴趣并不重要，重要的是你的听众是否对谈话感兴趣。因此，当你与人谈话时，请谈论对方，并且引导对方谈论他们自己。

这样，你就可以成为一名最受欢迎的沟通高手。

让对方只能回答"是"

假设有两人在一间屋子里。你站在或坐在房间的里面，而他在房间的外面。你希望他从房间的外面走到房间的里面。

不妨来做这个游戏。在游戏中，你问他问题。每次你问他一个问题，如果他答"是"，他就向房间的里面迈进一步。如果每次你问问题，而他回答"不是"，他就后退一步。

如果你想让他从房间的外面走到房间的里面，你最好的策略是不断地问他一系列他只能回答"是"的问题。你必须避免提可能导致他回答"不是"的问题。通过使用"只能回答是"的问题，你就可以轻而易举地做到这一点。这是些封闭性问题，人们对它们的回答99.9%是肯定的。你让某人越多地对你说"是"，这个人就越可能习惯性地顺从你的要求。

比如，回想一位你经常同意其意见的朋友。你往往已经习惯于做肯定的表示。因此，当这个人想劝说你做某事时，即使他还没有完全讲完自己的请求，你往往已经决定这么去做。

你肯定也认识你通常不同意其意见的人。此人的特点是经常听到你说"不"。当这个人开始要求你做某事时，你就会同多数人一样，在他还没有讲完他的请求之前，你就肯定已经在琢磨用什么理由来说"不"，以便拒绝这个人的请求。

这些相近的倾向说明，让你想说服的人形成对你说"是"

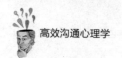

的习惯是多么的重要。反过来也是如此。如果一个人已经习惯对你说"不"，不同意你的看法，你想成功地说服他的可能性几乎为零。

提出"只能回答是"的问题有个好办法，就是向对方问会做肯定回答的事情。

一位推销员问一位可能的买主："你想买这件设备的关键是其费用，是吧？"价格无疑99%是关键的。因此，这样的问题肯定全带来"是"的回答。或许就这样开始让可能的买主对推销员养成做肯定回答的习惯。

换句话说，这位推销员可以问一位可能的顾客："设备的价格问题对你来说很重要吧？"这也是一个封闭型"只能回答是"的问题。对这样一个问题，几乎人人都会回答"是"。

当一位雇员想提醒同伴开始干一个项目时，这位雇员可能提出这样"只能回答是"的问题，"我们需要尽快完成这个项目，是吧？"这里，一个明确的声明"我们需要尽快完成这个项目"跟着一个"只能回答是"的问题。它要求得到一个"是"的回答。这种"只能回答是"的技术已被反复证明是非常有用的。

第五章

移情换位，难缠之人好应对

强硬反击傲慢无礼的人

沟通场中常常会遇到傲慢无礼的人，这类人把周围的一切都不放在眼里。面对这样的谈话对象，适当地挫其锐气，就会压制住他的气焰，让他平视你，愿意与你交流。

与高傲无礼者谈话时，气势起着非常关键的作用。这类人通常看不起底气不足、唯唯诺诺或不敢与别人针锋相对的人。反之，若遇到理直气壮、临危不惧的人，他们就会被对方的气势压倒，开始思考对方的意见。

例如，日常沟通中，有些人会因为自己的容貌、资质等优势表现出一种目中无人、蔑视他人的高傲，甚至还会蓄意攻击他人。对这种给他人带来不快、严重影响他人情绪的人，需要进行艺术而有力的反击，抑制其恶性的发展。

俄罗斯有一位著名的小丑叫杜罗夫。有一次，杜罗夫在表演后台休息，这时候突然来了一位十分傲慢的观众。他走到杜罗夫的身边用一种讥讽的语气说："小丑先生，听说观众都非常喜欢你呀！"杜罗夫回答："还好。"那位观众继续轻蔑地说："那

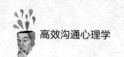

你说，要想在马戏团受欢迎，小丑是不是就必须长着一张奇怪又愚蠢的脸蛋儿呢？"杜罗夫听后并没有大怒，而是微笑着反击回去："确实如此。不过，如果我能长一张像先生您这样的脸蛋儿，我肯定能拿双倍工资！"

这位傲慢的观众用过于唐突的言辞让杜罗夫难堪，杜罗夫用这种婉转幽默的方法反驳对手，成功地讽刺了傲慢的观众。抓准对方众所周知的痛处是压制对方傲气的有效方式。另外，抓住他人的弱点也是挫其傲气的有效方式。

面对傲慢无礼者，该表现出强硬的时候要强硬，该反击的时候要反击。这样，才不会被视为弱者，相反还会赢来对方的尊重。

傲慢无礼的人往往自视清高、目中无人，表现出一副"唯我独尊"的样子。与他们打交道，实在是一件令人无法忍受的事情。可是，为了你自身利益的需要又不得不与这种人接触，那么该怎么对付呢？

最适合的方法有三种。

首先，尽可能地减少与其交往的时间。在能够充分表达自己的意见和态度，或某些要求的情况下，尽量减少他能够表现自己傲慢无礼的机会。这样，对方往往也会由于缺乏这样的机会而不得不认真思考你所提出的问题。

其次，说话要语言简洁明了。尽可能用最少的话清楚地表达你的要求与问题。这样，让对方感到你是一个很干脆的人，是一个很少有讨价还价余地的人，因而约束自己的架子。

最后，你还可以邀请这种人去跳舞，聊聊家常，去KTV唱歌，等等。当对方一旦在你面前表现出其生活的本色之后，在以后的交往中，他往往不会再对你傲慢无礼了。

直面蛮横无理的人

我们所处的沟通圈子，难免有一些蛮横无理的人，他们说话、做事毫不讲理，内心对自己也没什么约束、戒律，很少去追问人生真正的意义。他们遇到露脸的事、有利的事，就去抢；遇到无名的事、无利的事，就会推……

面对这样的人，我们该如何应付呢？或许以下几种方法会对我们有帮助。

1.直面这些不讲理的人

不讲理的人，说话做事伤害别人的人无处不在，比如不讲理的领导、同事、邻居甚至家庭成员。面对不讲理的人，我们究竟该如何应对呢？

冰山公司是一家生产电子冷冻设备的公司，公司经理凌阳先生就曾遇到这样一个人。这个人是冰山公司的一个重要客户，他总是纠缠公司的员工给他更优惠的价格，要么就是坚持让冰山公司先把生产计划丢在一边，先满足他的订单要求。遇到丁点儿不一致的看法，他就对员工大肆辱骂，还威胁要报告他们经理炒他们鱿鱼。

凌阳不愿失去这个客户，试图挽救局面。他派一个副总经理作为这个客户的单独联系人。他给这个副总经理下了严格的指示："坐下来和他进行心对心的交流。告诉他，我们很珍惜和他的业务合作关系，愿意尽我们最大的能力提供最优惠的价格和服务，但是我们不能忍受他无端地大发雷霆。如果这还不能令他满意的话，那他只有另谋他路了。"结果，这个方法很奏效。双方沟通得非常愉快，合作自然水到渠成。

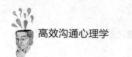

这则故事中，凌阳通过对客户明朗、果断，坚决的态度，让客户认识到自己的重要性，但也认识到了冰山公司对自己忍受的限度，综合权衡之下，客户蛮横的气焰自然就熄灭了。

2. 采取"外交"手段

成功"外交"手段的核心是给对方一个体面的台阶下。用这招与蛮横无理的人沟通同样很奏效。

有一天傍晚，张先生下班后，接到妻子的电话，原来家里没盐了，让他在超市带点儿回来。买完盐后，他在超市出口排队等结账。这时一位太太插在他前面。张先生想："我可以忽略她，可这太窝火。家里妻子还等着做饭呢。我可以尖叫，但对方也可能对我尖叫，而且，这样似乎太不绅士了。"于是，张先生采取了第三种方法，他说："对不起，排队从后面开始。"果然，这位太太乖乖地站在了他的后面。

张先生没有发急，选择了平和的处理方式。这种礼貌地表示不满的方法，既显示了你的不快，又给了对方一个方便的台阶。

3. 退出

现在不讲理的人越来越多，有很大一部分原因是他们不懂理，你去讲理，对方不讲理，自己反而生一肚子气。面对这类人，当任何办法都行不通时，只有退出，这是最后一招，也是你应该常记心中的。

朱燕的老板是一个总喜欢骂人的人，一到生气的时候，不管站在他面前的是谁，他都会开骂："你是个大蠢猪！"他大吼大叫："这不是我叫你做的！难道你笨得连我的话都记不住吗？"目标换来换去，但总有人会成为他的攻击靶子。

这天，朱燕又要被骂了。在发传真时，朱燕出现了一点点失误。老板发现了，马上暴跳如雷，破口大骂。他刚骂出几个字，朱燕转身就走回自己的办公室，深呼吸了一下后，她知道了下一步必须怎样做。她又重新回到老板那儿，理直气壮地对老板说："我不喜欢你以那种方式和我说话。"老板打断她的话，不耐烦地说："你不喜欢，请走！"她立刻答道："好的，再见！"等老板息怒后，整个事件也就平息了。

上述案例中，朱燕在面对老板的骂人举动时，没有正面回击，而是采取了退让的态度。老板事后也知道自己不对，这事就平息了。如果当时朱燕和老板大吵，不仅达不到沟通效果，闹不好还会失去工作。

"秀才遇到兵，有理说不清。"不讲理的人各有自己不讲理的"绝技"，要么撒泼，要么恶语相向，即使你确信自己如何冷静、如何理智，但要真碰到了不讲理的人，没有好办法应对，恐怕你也会被逼发飙。

不讲理的人是想给别人带来痛苦，被动挨打只能使不讲理的人气焰更嚣张。所以遇到不讲理的人我们一定要拿起"武器"奋起反抗，因为不讲理的人总是寻找软弱可欺的受气包，如果你态度果断严肃就会让他的行为立刻刹车。

有了以上几种策略，或许你就能战胜不讲理的人。

让骄傲自大者收起他的锋芒

在我们的生活中，有一些骄傲自大者。这类人，实际上并没有多少学问和能力，却时时自吹自擂、夸夸其谈，他们所显示的骄傲、不屑一顾等神情，实际上是一种心灵空虚的添加

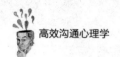

剂，是为了维持其虚荣心。刚开始，我们与之交流，可能觉得他们视野广阔、无所不晓，好一副高高在上的样子，但只要就某一题目与之进行深入地研究，他便会显露破绽。一旦露了破绽，他的威风也就自然扫地。

与这样的人沟通，适当的时候你可以反击。这类人常会因为自己取得一点成绩就心生傲气，举止无礼，出言不逊。如果可能，要尽量减少与他正面沟通的时间，不给他表现傲慢的机会。或者，你可以找他的"软肋"，与他谈一些对他而言是陌生领域的话题。

王中辉今年刚毕业，毫无工作经验的他，很幸运地被一家公司录用。到现在，已经工作两个多月了，公司只有他和另一个同事是男的，刚开始他们相处还很愉快，但最近他发现，与自己共事的男同事实在不好相处。

这个男同事是王中辉的搭档，比王中辉小一岁，是独生子，性格活泼，但为人很傲慢，很能吹牛，而且刚来就和王中辉说老板的坏话，说："这些都是我的经验之谈，我经历过很多，什么都懂，比你的工作经验多很多。以后听我的，没错！"后来王中辉发现，他很骄傲很自大，总说自己很有钱。有一次，王中辉请他吃饭，等王中辉把钱掏了，他把自己的钱包露出来给王中辉看，说："你就剩那点儿钱了，我这零头都比你的多……"

王中辉很生气，但是也没说出来。后来，在工作中，因为这个人的吹牛毛病和爱炫耀的性格，同事们也不怎么喜欢和他接触，这个人大概尝到了骄傲自大的后果。

王中辉的这位同事就是典型的骄傲自大者。和这种人沟通或共事，如果你一味妥协，你将永远被他的自大"折磨"。因此，千万不要低声下气，也不要以傲抗傲，你只要长话短说，把需要交代的事情扼要交代完就行。假如为他办事，那就另当别论了。

骄傲自大的人总是自以为是，永远带着"傲"。殊不知，骄傲自大的人是盲目的乐观主义。我们和骄傲自大的人沟通时，可以按以下步骤来进行。

1. 要诚实

骄傲自大的人虽然爱自吹自擂，但不会口蜜腹剑，不会阳奉阴违，基本上还是值得信赖的，所以言语中要表现出你的真诚与关心。如果对他们虚伪、猜忌，往往会使他们产生强烈的反感情绪，并且他们还会把这种不满表现在脸上，使你们之间的心理距离扩大。

2. 要委婉

骄傲自大的人爱面子，喜欢吹嘘自己，但他们有时做事不灵活，言辞不变通，往往会使一些人陷入难堪境地，所以和他们沟通，要注意婉转。即使他们为了抬高自己，而"刺伤"过你，你也不必过多在意。

在生活中，当看到他们对人口无遮拦、尖锐抨击时，要采用合适的方式转移主题，或者开一句玩笑，赞扬一句，巧妙地加以引导。

3. 不卑不亢，以理服人

最有力的说服，无非一个字，那就是"理"，做人做事，都要讲道理，知道什么合理，什么不合理，才可以使言行有尺度和准则。与骄傲自大、爱吹嘘的人沟通，也要有理说理，切不可无理搅三分，更不能无理还要恐吓、威胁、动粗。

总之，与骄傲自大的人相处，可以用你的知识将之"震"住，使其收起锋芒。假使做到了这一点，此后的沟通便会顺畅了。

面对质问，从容作答

在公共场合，有时会遭到有意无意地质问。当然，遭人质问，也并非全是此类原因，一时疏忽，也可能得罪人。但面对质问，就是面对与自己对立人群的态度。因而，无论善意或者恶意，无论委婉还是直接，无论温和还是激烈甚至恶毒，都需要认真分析、冷静思考，知己知彼，弄清楚对方的心态与动机，知晓批评者的真实目的与利益导向，而不是本能反弹、慌乱抵抗、盲目迎接挑战，更不需要绕开问题的焦点、设置路障、拦堵封锁等，应该巧妙应付，予以反击。

那么，面对他人的质问，我们具体该如何从容作答呢？

1. 调整好心态，不要急于反驳或辩解

有位著名哲学家讲过这样一句话："当别人质问你的时候，反驳与辩解是最愚蠢的做法。"

面对他人的质问，你的一举一动就是一种回应的态度，如果你急于辩解，就已经向对方宣布了：你的观点是正确的。也就是人们常说的"欲盖弥彰"，所以，这样的做法等于在向对方"投降"。

2. 类比、借力打力法还击

我们来看下面一个故事：

有一位聪明的那先比丘，从他的事迹中，可以知道他是一个很了不起的奇人。

有一次，弥兰陀王故意要非难那先比丘，就诘责他："你跟佛陀不是同一个时代，也没有见过释迦牟尼佛，怎么知道有没有佛陀这个人？"

聪明的那先比丘就反问他："大王，您的王位是谁传给您的呢？"

"我父亲传给我的啊！"

"您父亲的王位是谁传给他的？"

"祖父。"

"您祖父的王位又是谁的？"

"曾祖父啊！"

那先比丘继续问："这样一代一代往上追溯，您相不相信您的国家有一个开国君主呢？"

弥兰陀王正容回答："我当然相信！"

"您见过他吗？"

这里，那先比丘面对弥兰陀王的非难，并没有生气，也没有立即反驳，而是采用类比法，让对方的观点不攻自破。

3.幽默法淡化矛盾

现实生活中总会出现各种矛盾，恰当地利用幽默不失为一种得体的解决矛盾的方式。

一辆疾驰而拥挤的巴士突然紧急刹车，一位男士不慎撞在了一位女士的身上。该女士认为这名男士在揩她的油，鄙视道："德性！"骂声引来众多好奇的目光，该男士立即用幽默手段化解了尴尬，他是这样说的："小姐，不是德性是惯性！"女士忍俊不禁，于是全车人释然。

男士利用自己的幽默化解了矛盾。幽默像击石产生的火花，是瞬间的灵思，所以必须有高度的反应与机智，才能说出幽默的语句，才可能化解尴尬的场面，作为不露痕迹的自卫与反击。

但必须强调，幽默并不是讽刺，它或许带有温和的嘲讽，却不刺伤人，它以别人或自己为对象，而在这当中，便显示了幽默者的胸襟与自信。

与各种难相处的人沟通

在人与人交往沟通的过程中，你会遇到各种难相处的人，怎样同他们进行沟通呢？下面的建议对你会有很大帮助。

1. 面对脾气火爆者

脾气火爆者是指那些暴躁易怒的人，这种人对于自己看不顺眼或自认比不上自己的人，均认为应该施与一番教训，于是大声训斥对方，且态度恶劣、动作粗暴，对人极尽羞辱之能事，宛如父母在教训孩子一般。不过，这种难缠人物发脾气的时间通常极为短暂，一旦他们如同狂风暴雨似的宣泄愤怒过后，他们就会恢复，以合理的行为对待别人。

当火爆类型者开始对你发怒时，你应立即把一只手举起，手掌向着对方，就如交通警察截停来车一般，同时口中喊出："停！"要知道，火爆类型者之所以发怒，通常是因为他们感受到威胁，而大声吼叫是他们调理情绪的一种方式。你把手掌举起，是一种不具威胁意味的动作，有助于让他们改变待人的方式与你交谈。相反，若是你用手指指着对方，他们极可能感觉你企图向他们挑战，这无疑是火上浇油，导致他们的难缠行为愈加失控。

当火爆类型者停止发作后，应给予对方一些调理情绪的时间，之后，他将会开始听你说话，并把焦点置于问题本身，采取成人对成人的方式与你共同讨论。

2. 面对独断专行者

独断专行者经常表现出对别人充满敌意及侵略性的行为，他们就如坦克车一般，对于阻挡自己去路的障碍，都会加以摧毁，并一碾而过。他们利用自己高于别人的权力来威胁对方，逼迫对方接受不平等的条件。这种人往往位高权重，掌握着重要的职务，否则没有人愿意与他们共同处理事项。在沟通、谈判场合中，你若过于顺从这种类型的人，所达成的协议必然是"输—赢"的形式，而你自是输的一方了。

想要避免这种结果，你不妨采用这样的做法：你必须向对方解释，在工作场合中，上下级人员间的健全关系应是建立在"赢—赢"的方法之上，并提供一些例子作为说明，并了解对方的上司是否也使用权力来压迫对方。随后，把讨论重点放在双方各自关心的问题上，同时强调对方此种"赢—输"的做法势将导致"输—输"的结果。最后，双方共同研究解决之道。

当别人对你的要求有欠公平、合理时，你必须表明你无法接受，正如将对方换成自己时，也不会答应。同时，向对方解释"赢—输"的处理方式最后终将使得双方都成为输家。一般说来，独断专行者均能接受这番解释，也往往会改为较公平合理的态度。相反，如果你向他屈服，那么对方日后对待你的难缠行径必将变本加厉，直到你终因无法忍受而逃之夭夭。

3. 面对虚伪高傲者

虚伪高傲者总是追求片刻的荣耀，而没有其他渴求。自己骄傲自大、摆架子，也无非是将"自我"提高起来。对此，只要我们顾全他那可怜的虚荣心，即使他得到的是失败，他也不会认为是件多么了不起的事。这种爱虚荣的观念一旦在他的脑海里根深蒂固，他就会有强烈地渴求人家颂扬的心理。只要有人对他颂扬和谄媚，对他来讲简直是不能抵抗的。这种人因过分地注重、珍视虚荣，养成了一种十分幼稚的习惯。内心既然

有过分的虚荣，外部就难免夸夸其谈，因此，他在夸耀自己的同时，必然表露和证明了他的种种特殊的弱点。有这样一个例子恰好说明了这一问题。

美国的钢铁与煤炭大王佛立克在他的早年时期，便能扫清障碍，走入坦途，是因为他不仅吃苦耐劳，而且善于取胜虚伪高傲的人。

在佛立克尚未步出众人行列之前，有位叫柏莱尔的店员，颇得人们的赞许。不但被认为是"领袖店员"，并且他还享有"服务头等客人的权利"。对于这些，其他店员只有赞叹。当时，佛立克想攻击和击倒的便是这种特殊的店员和他的特殊权利。不过，佛立克并没有想到以敌意去对待他。

他先把柏莱尔认认真真地品评一番，从中知道了柏莱尔富有虚荣心，而且傲气十足、自以为是。

佛立克断定柏莱尔所企盼的只是让人知道他如何了不起，他认为这是一种既简单又容易满足的需求。针对柏莱尔的这一性情，佛立克轻而易举地战胜了他。

佛立克施以圆滑温和的手段，不久便笼络了全体店员，博得了他们的爱戴。从中我们可以看到他的为人处世是多么老到、成熟。

我们对于虚伪高傲的人，应将他各方面的表现综合起来，加以品评、判断，以明了他的真实情况。这样做很有益处，一方面可以免除我们的失望，另一方面也省得他人的不良动机得逞，妨碍我们的事业。

4. 面对城府极深者

城府较深的人，总是不愿让别人轻易了解其心思，知道其在想什么，有什么要求，而总是通过各种方式保护自己，深藏不露。这种人往往说话不着边际，对任何问题都不做明确的表示，经常是含糊其词，甚至顾左右而言他。和这种人打交道，常常是很难沟通的。由于很难知道他们真正的想法，因此人们往往也不愿把自己的内心世界向他们敞开，甚至对他们有所防备。

城府较深的人，通常有以下几种情况：首先，他可能是一位工于心计的人，这种人为了在与别人打交道时获得主动，或者出于某种目的不愿让别人了解自己，而把自己保护起来。而且，这种人还总希望更多地了解对方，从而在各种矛盾关系中周旋，使自己处于不败之地。其次，他也可能是一位曾经有过挫折和打击经历，并受到过伤害的人。过去的经历使这种人对社会、对别人有一种十分强烈的敌视态度，从而对自己采取更多的保护。最后，他可能对某些事情缺乏了解，拿不出有价值的意见。在这种情况下，他为了掩饰自己的无知，从而以一种未置可否的方式、含糊其词的语气与人交往，并装出一种城府很深的样子。

显然，对于第一种人，你应该有所防范，警惕不要为之所利用，并成为他的工具，不要让他完全得知你的底细。对第二种人，则应该坦诚相见、以诚感人。因为这种人并不是为了害人，而是为了防人。所以，你对他不应有什么防范，为了真正达到沟通的目的，甚至可以无保留地对他敞开你的心扉。对第三种人则不要有什么太高的期望，也不必要求他提供某种看法或判断。

总之，对某些城府较深的人，如果你不得不与之打交道，则应该真正对他们加以区分，看其属于哪一类人，然后确定自己的沟通方式。

5. 面对抱怨成性者

这种类型的难缠人物通常对有关事项只是一知半解，但他

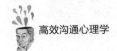

们似乎对任何事项都深感不满，频频抱怨，他们本身却又毫无解决问题的办法。因此，他们堪称典型的悲观主义者。然而，在他们所发出的怨言当中，通常也会含有少许的价值，否则势将没有人愿意聆听他们的话。

对于这样的人，你首先要让他们把怨言表达出来。若是对方只是老调重弹，不妨立即截住对方的抱怨。最重要的是，你必须把这种人导向寻求解决问题之道的方向，而不可让他们只是丢下一句"什么办法也没有"。毕竟，无论什么问题，通常都有解决的办法。

一旦你把双方的话题导向解决问题之道后，对方或许会开始停止抱怨，认真地与你磋商；或是逃之夭夭，另找其他对象去。

第六章

由嘴及心，在瞬间说服对方

耐心多一点，说服快一点

在说服别人的过程中，只要说服者自己坚持不懈，不久所有的顾虑就会一扫而光，包括初期谈话的恐惧，渡过这一关，说服者就会自信地说下去。

一旦决定说服对方，并且拥有正确的观点，我们就不要过于心急，因为说服过程中存在一定的障碍是正常的。当然，如果人家听了你的说服的话，立刻点头叫好，这自然是最妙不过的。但现实中，这种情况并不多见。别人的看法、想法、做法，不是一天形成的，因此，要对方改变看法也绝非一日之功。即使对方可能接受你的说服，但回去之后也有可能出现反复。

正确的做法第一要有耐心，第二要有耐心，第三还是要有耐心。

当你不能说服对方，甚至被人抢白一顿的时候，不要生对方的气，更不能生自己的气。"算了，管这闲事干什么？"这种想法是不应该有的。

说服是一项长期的工作，只有有条不紊、循序渐进才能成功。对于"成见"这座山，今天挖一个角，明天铲一块土，逐

步解释一些细节和要点，日积月累，"成见"就会渐渐消除了。

在你做好足够的心理准备之后，你还应该清楚有时候别人不难被你说服，但他身后存在着庞大的力量，被人怂恿几句，他的思想又能波动。所以，你面对的可能不是一个人，而是一群人。鉴于此，你应当从各方面增加自己的力量。比如，你可以给对方介绍一些有益的书籍、看一部好电影，也可以找一些与你见解相同的人一起帮你做说服工作。通过这一系列的工作，不但从各侧面帮助对方，而且对你也是一个促进，因为你也从侧面的工作中提高了自己。

一位记者曾经问过爱迪生，他是怎样面对10000次新发明的失败的，爱迪生说："年轻人，既然你的人生才刚刚起步，我就要告诉你些有益的秘密。我不是失败了10000次，而是成功地发现了10000个方法不适用。"爱迪生接着说，为了改进白炽灯的质量，他进行了14000个实验。

麦当娜有限公司职员瑞克·克拉克很赞同爱迪生的说法，并将之贴在墙上：

世界上没有比耐心更有价值的东西，没有任何东西可以取而代之。

全才不能取代耐心，是全才而没有成功的人比比皆是。

天才不能取代耐心，没有贡献的天才只会成为一个笑柄。

教育不能取代耐心，世界上有的是受过高等教育的弃儿。

每个人都有其软弱的一面，只要你有耐心多试一次就能攻克它。假设你是一位销售人员，当顾客告诉你他们不买时，你有充足的理由继续你的推销。顾客说"不"并不意味着顾客不想买，可能是顾客需要一种更具感染力的服务。谦恭有礼的推销几乎使顾客不忍拒绝，当然，这要在恰当的时机加以恰当的利用，一个好的推销员应该在顾客告知不买之后仍能孜孜以求，尽力达成这笔交易。一个出色的推销员总是不放弃多试一次的机会。

费城电器公司的范勃，也有过同样的发现。范勃先生正在宾夕法尼亚州一个富庶的荷兰农民区做视察访问。他经过一户整洁的农家时，问该区的代表："这些人为什么不爱用电？"那代表显得很烦恼地说："他们都是些守财奴，你绝不可能卖给他们任何东西。而且他们对电器公司很讨厌，我已经跟他们谈过，毫无希望。"

范勃相信区代表所讲是实在的，可是他愿意再尝试一次。他轻敲这农家的门——门开了个小缝，年老的特根保太太探头出来看。范勃先生叙述当时的经过情形是这样的：

"这位老太太看到是电器公司的代表，很快把门关上。我又上前敲门，她再度把门打开，这次她告诉我们她对我们公司很反感。我向她说：'特根保太太，我很抱歉打扰了你，我不是来向你推销电器的，我只是想买些鸡蛋。'她把门开得大了些，探头出来怀疑地望着我们。我说：'我看你养的都是多敏尼克鸡，所以我想买一打新鲜的鸡蛋。'

"她把门又拉开了些，说：'你怎么知道我养的是多敏尼克鸡？'她似乎好奇起来。我说：'我自己也养鸡，可是从没有见到过比这里更好的多敏尼克鸡。'这位特根保太太怀疑地问：'那么你为什么不用你自己的鸡蛋？'我回答她说：'因为我养的是来亨鸡，下的是白蛋——你是会烹调的，自然知道做蛋糕时，白鸡蛋不如棕色的好。我太太对她做蛋糕的技术，总感到很自豪。'

"这时，特根保太太才放胆走了出来，态度也温和了许多。同时，我看到院子里有座很好的牛奶棚。我接着说：'特根保太太，我可以打赌，你养鸡赚来的钱，比你丈夫那座牛奶棚赚的钱要多。'

"她听得高兴极了，当然是她赚得多！她很高兴地对我讲到这点，可是她却不能使她那个顽固的丈夫承认这件事。她请我们去参观她的鸡房，在参观的时候，我真诚地称赞她养鸡的技术，还找了很多问题问她，并且请她指教。同时，我们交换了很多的经验。

"这位特根保老太太突然谈到另外一件事上，她说这里几位邻居，在她们的鸡房里都装置了电灯，她们表示有很好的效果。她征求我的意见，如果她用电的话，是不是划得来。两星期后，特根保老太太的鸡房里，多敏尼克鸡在电灯的光亮下，跳着叫着。我做成这笔交易，她得到更多的鸡蛋，双方皆大欢喜，都有利益。"

范勃先生不因电器公司以往的失败而退却，依然抱有足够的耐心去进行新的尝试，如果不再尝试一次，抱有十足的耐心，心平气和并且找到投顾客所好的切入点，范勃先生的电器公司将永远无法将电器卖给这位荷兰农妇。

一个人的希望，再加上坚忍不拔的决心就能产生创造性的力量。

一件看似极困难的事情，如果你能够秉持坚持成功的信念，那么你继续努力下去，必能得到应有的回报。正应了人们常说的一句话："机会永远属于具有顽强的意志和有坚定信念的人。"

利益导向让说服事半功倍

相信你一定经历过，在说服别人或想拜托别人做事情时，不管怎样进攻或恳求对方，对方总是敷衍应付，漠不关心。这时你首先要消除对方心理上的漠不关心，然后再说服诱导。在推销方面，推销员为了唤起顾客的注意，并达到80％的购买率，往往是先诱导，后说服。

在英国工业革命方兴未艾时，以发明发电机而闻名的法拉第，为了能够得到政府的研究资助，去拜访时任首相的史多芬。

法拉第带着一个发电机的雏形，滔滔不绝地讲述着这个划时代的发明，但史多芬的反应始终很冷淡，一副漠不关心的样子。

事实上，这也是无可奈何的事情，因为他只是一个政客，要他看着这种周围缠着线圈的磁石模型，心里想着这将会带给后世产业结构的大转变，实在是太困难了。但是法拉第在说了下面这段话后，却使原本漠不关心的首相，突然变得非常关心起来，他说道："首相，这个机械将来如果能普及的话，必定能增加税收。"

显而易见，首相听了法拉第所说的话后，态度突然有了巨大的转变。其原因就是这个发动机将来一定会获得相当大的利润，而利润增加必定能使政府得到一笔很大的税收，而首相关心的就在于此。

是的，通常我们行动的目的都是"为自己"，而非"为别人"。如果能够充分理解这一点，那么想要说服他人就会非常容易。只要了解对方真正想追求的利益何在，进而满足他的欲

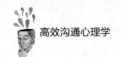

望，便可达到目的。但是，将这条最基本要件抛于脑后的却也大有人在。他们没有满足对方最大的利益，一心一意只是想要满足自己的私欲。

　　某酒厂的负责人成功研发了新水果酒，为求尽快让产品打进市场，他决定说服总经理批准进而大量生产。

　　"总经理，又有新的产品研发出来了。这次的产品是前所未有的新发明，绝对能畅销。连我都喜欢的东西，绝对有市场性。我敢拍胸脯保证。"

　　"什么新产品？"

　　"就是这个，用梨汁酿制的白兰地。"

　　"什么？梨汁酿的白兰地？！那种东西谁会喝？况且喝白兰地的人本来就少，更甭说用梨汁酿的白兰地……就是我也不会去喝。不行！"

　　"请你再评估评估，我认为很可行。用梨汁酿酒本来就不多见，再加上梨子独特的果香，一定很适合现代人的口味。"

　　"嗯，我觉得还是不行。"

　　"我认为绝对会畅销……请您再重新考虑一下。"

　　"你怎么这样唠叨？不行就是不行。"

　　"好歹也要试试看才知道好坏，这是好不容易才研发出来的呀！"

　　"够了，滚吧！"

　　最后，总经理终于忍不住发火。

　　这位负责人不仅没能说服总经理，反而砸掉了自己的名声。事实上，这样的劝说不仅充分显露不顾他人立场的私心，还打算强迫他人赞同自己的意见。碰到这种自私自利、妄自尊大、不知天高地厚的家伙，别人只会感觉："瞧他口气，根本是个主观主义者，只会考虑自己的家伙，还想把个人意见强加于别人！"如此一来，怎么可能赢得说服的机会呢？因此，无论如何，你都应该考虑以对方利益为出发点的劝说方式。

卡耐基研究会训练班中有一位学生，忧虑他的孩子。原因是这孩子体重很轻，不肯乖乖地吃东西。母亲要他吃这个、那个；父亲要他快快长大成人！孩子会注意到这些话吗？他不会注意这些，就像你不会去注意那跟你漠不相关的盛宴一样。一个没有一点常识的父亲，会希望一个3岁的孩子，能对30岁父亲的见解，有所反应。

可是，那个父亲最后觉察出来，那是不合情理的。所以，他对自己说："那孩子需要的是什么？我如何将我所需要的，和他所需要的联结起来？"他开始想到那点时，问题就容易解决了。

他的孩子有一辆三轮脚踏车，那孩子喜欢在屋前人行道上踩着这辆三轮车玩。间隔他们几家的一个邻居家里，有个"很坏"的大孩子，他常常把小孩子推下三轮车，自己骑上。小孩哭着跑回来，告诉自己母亲，他母亲出来，就把那"很坏"的大孩子推下三轮车，再让自己孩子坐上车子，像这样的情形，每天都发生。这小孩所需要的是什么？这问题不需要做深奥的探索。他的自尊、他的愤怒、他求得自重感的欲望，都是他性质中最强烈的情绪，这驱使他想报复、痛击这"很坏"的大孩子的鼻子！

他父亲这样告诉他的：只要吃母亲要他吃的东西，他就会快快长大，将来可以把这个"很坏"的大孩子一拳打倒。当他父亲应许他那件事后，他不再有饮食的问题了！现在这孩子什么都爱吃了，菠菜、白菜、咸鱼，以及任何其他食物。他希望自己快快长大，去打那个一再欺侮他的"暴徒"。

大人和孩子没有什么不同，对于关于自身的利益总是特别

关注，所以如果想要改变别人，还是应该先多多考虑一下别人的利益，这样的利益导向可以带给你事半功倍的效果。

巧妙引导，谈出对方需求

想要说服别人不是件容易的事，当你试图让别人答应某件事或者买下某件东西的时候，他常常会想：我为什么要听你的？遇到这样的情况，怎么办呢？

小芳是某汽车公司的业务员，因为业绩突出，已经连续三次被评为优秀员工，她到底是怎么做到的呢？以下是小芳和顾客的一次对话。

小芳："请问你需要多大吨位的？"

顾客："很难说，大致两吨吧。"

小芳："有时候多，有时候少，对吗？"

顾客："是这样。"

小芳："究竟要哪种型号的卡车，一方面要看你运什么货，一方面要看在什么路上行驶，你说对吗？"

顾客："对，不过……"

小芳："你在丘陵地区行驶，而且你们那里冬季较长，这时汽车的机器和车身所承受压力是不是比正常情况下要大些？"

顾客："是这样的。"

小芳："你们冬天出车的次数比夏天多吧？"

顾客："可不是嘛，多多了，夏天生意不行。"

小芳："有时候货物太多，又在冬天的丘陵地区行驶，汽车是否经常处于超负荷状态呢？"

顾客："对，确实是这样。"

小芳："从长远的眼光看，是什么因素决定买车型号，是否留有余地？"

顾客："你的意思是……"

小芳："从长远的眼光看，是什么因素决定买一辆车值不值呢？"

顾客："当然要看车的使用寿命。"

小芳："一辆车总是满负荷，另一辆车从不超载，你觉得哪一辆寿命更长些呢？"

顾客："当然是马力大、载重多的一辆。"

小芳："所以，我建议你买一辆载重4吨的卡车可能更划得来。"

顾客："好的，我愿意考虑一下。"

在小芳和顾客的对话中，我们并不能在一开始就准确地判断出小芳能否说服对方接受自己的意见，但小芳的话里总有对方的需求和愿意接受的内容。

两个人交谈的时候，当答者对问者的问题没有显出任何不适和反感，每次回答都能给予正面回应的时候，两人的交流就会呈现一种良性循环。这里面暗含的意义是：回答问题者正逐渐在内心深处接受向自己提问的那个人，这种接受包括对方的问题和意见。那么，为什么会产生这样的效果？

在小芳的问话中，她一直将对方可能接受的答案包含其中，这个答案也是她想让对方接受的内容，这样问出来，会让对方觉得被尊重，并没有自己被引导的感觉。

有时，说服并不需要正面表达，将对方可能的答案暗含在自己的问语中，用他能接受的选择引导他，很多事情就会容易得多。

弦外拨音，敲山震虎

有时候，面对别人，尤其是身份比自己高的人，当他们做出不当行为时，自己不好直白地指出，为了让他们知道自己的过失并加以修正，弦外拨音、敲山震虎的方式是很有效的。

有一次，齐景公的一匹爱马突然病死，他迁怒于养马人，下令将养马人推出去斩首。

在场的晏子听说后，略一思索，便跪到齐景公面前数落起养马人的"罪状"："大王，您想处死养马人，应该先让他知道自己犯了什么罪才行。现在让我来列举他的三条罪状，请您听一听。"

齐景公点头同意，晏子便对着养马人高声说道："你为君王养马，却把马养死了，凭借这一条，你是不是该被处死啊？而那匹死掉的马，又恰是君王最喜爱的，养死了君王最喜欢的马，你觉得自己还能活下去吗？最重要的，因为这匹马的死，君王要处死你，消息如果让老百姓知道了，他们就会怨恨君王；让邻国知道了，他们就会看不起齐国，让君王背上一个重马不重人的恶名，这是不是得算你的第三条罪状？你犯下如此严重的三条大罪，君王处死你，是应该的吧？"

齐景公听出了晏子话里的意思，于是就对晏子说："算了吧，把养马人放了吧，别损害了我仁爱的名声。"

晏子的话表面上处处顺着齐景公的心意，数落马夫的罪状，实际上字字句句都在讽刺齐景公，从反面申述齐景公的错误，点出杀掉马夫的危害是"积怨于百姓，示愚于诸邻"，劝其尽早打消这一念头。这种蕴含大义的弦外之音，齐景公听出来后，就只好释放了马夫。

齐景公为什么在别人指出自己错误的时候没有勃然大怒，反而诚心接受了呢？原因就在于，给他提意见的晏子并没有说："大王，你不能处死养马人？"而是假借养马人是错误的始作俑者，给他解释大王治他罪的原因，这样做实际上是说给齐景公听的。

敲山震虎的说服法能够减轻被说服者内心的负担，避免了因直接受批评而颜面尽失的可能。所以，故事中，齐景公才会听从晏子的劝说。他的那句"别损害了我仁爱的名声"，实际上也是借着晏子的话下了个台阶，婉转地承认了先前的错误。

有时候，明明看出了某人的错误，并不直说，而是拐弯抹角地旁敲侧击，这种方法更能让对方接受。他会明白，你是在给他留面子帮他改正错误，而不是故意让他难堪。

巧妙设问，以理服人

我们知道，谈话的目的在于让对方接受，而接受的关键在于攻心，攻心的策略要高于攻形千万倍。攻心有正攻有反攻，所谓正攻，即正面说服的意思，其特征是循循善诱。特别是当被说服的对象处于一种对道理不了解的状况时，正面诱导就能起到画龙点睛的作用。在古今许多重要场合，诱导攻心法所产生的作用是采用别的方法所不能代替的。从下面的事例中我们可以学到如何运用诱导攻心法来说服别人听从你的劝告。

宋神宗时，孙觉出任福州知州，当时有一些贫苦人因拖欠官府的钱而被送进监狱，孙觉非常同情他们。当时正好有一些富人想出大钱来整修佛殿，正在向孙觉请示。孙觉想了想说："你们

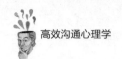

施舍钱财，为的什么？"回答说："愿意得福。"孙觉说："佛殿没怎么坏，菩萨像也好好的。假若用这些钱为关在监狱里的人偿还他们所欠的官钱，使之脱离枷锁之苦，那样所得的福岂不更多吗？"富人们无话可说只好答应了。

就这样，孙觉从施舍钱财这一角度出发，将捐钱的目的顺势引到了救人积福方面，使富商们无话可说，因此解救了不少人。

俄国十月革命刚刚胜利的时候，许多农民怀着对沙皇的刻骨仇恨，坚决要求烧掉沙皇住过的宫殿。别人做了多少次工作，农民都置之不理，非烧不可。最后，只好由列宁亲自出面做说服工作。列宁对农民说：

"烧房子可以，在烧房子之前，让我讲几句话，可以不可以？"

农民说："可以。"

列宁问道："沙皇住的房子是谁造的？"

农民说："是我们造的"。

列宁又问："我们自己造的房子，不让沙皇住，让我们自己的代表住好不好？"

农民齐声回答："好！"

列宁再问："那么这房子还要不要烧呢？"

农民觉得列宁讲得好，便同意不烧房子了。

列宁采用的这种"启发式问话"方式，使农民从对沙皇的仇恨中解脱了出来，同时也放弃了原来的想法。

在以上的例子中，政治家们都巧妙地使用了问话的方式，而且问得巧妙，问完之后还要针对对方所回答的答案进一步说明，这样使对方不知不觉地进入谈话的圈套中，谈话的主动权就掌握在手里了，结果当然可想而知。

引导对方发现自己的弱点

当你想改变一个人做某一件事的方法，将新方法推荐给对方时，对方不一定愿意采用你的新方法，他会感觉还是老方法好。所以即使你是上司，也要记得，说服总比强迫好，用说服的方法会使你得到更大、更长远的好处。

你的目的不外乎是让他抛弃自己的旧思想，接受你的新思想，但是除非使他完全相信你的新思想好于他的旧思想，而且还能给他带来更大的好处，他才可能放弃他的旧思想，接受你的新思想。为了使别人更顺畅地接受你的思想，要引导他客观地、实事求是地检查他自己的情况，以便于你指出并暴露他的弱点。

当你发现了对方弱点的时候，你就可以用这个弱点说服他接受你的观点。当他明白那确实是他的弱点的时候，他就会敞开胸怀接受你的建议。当你想说服某人接受你的观点时，最好是先让他开口说话，让他替他自己的情况辩护。但你心里清楚你占有优势，这样，在他辩护时就不可避免地要暴露出自己的弱点，你可以用这些弱点攻破他的防线，但最好还是让他自己发现自身的弱点。

你怎么才能让他透露自己的观点呢？不妨向他提出一些主要的问题。为了帮助你尽快掌握这种方法，让我们听听美国一家大公司的企业关系部主任谢利·贝内特女士是怎么说的：

"如果我的一个新计划或者一种新思想遭遇一个雇员的阻力，我总会想方设法听听他的意见。"贝内特女士说，"他的

意见总能给我一些提示，让我找到向他发问的门路。因为他在谈话中，会多多少少暴露出一些弱点，实际上，他也知道这些弱点，但这些弱点对我都是大有帮助的。我请他把反对理由的要点再考虑几次，然后通过询问他还有什么其他想补充的以发掘更多的情况。

"通过询问一系列的问题，我能够得到他认为是重要的各种情况。在宣布我的主张之前，我要告诉他我对他的观点很感兴趣。一开始我让他多讲话，但绝不能让他操纵这次对话。我要通过提问来控制形势，我越问，他的话就会越少，到后来就会张口结舌。这样，我就完全掌握了主动权。如果你想确保你的思想方法战胜他的思想方法，你就让他设身处地发现他自己的弱点，那样他就会心甘情愿地接受你的观点了。"

你也可以像贝内特女士那样做，让说服对象先发表他们的看法，暴露他们的思想，你就会发现他们的弱点。当他们意识到自己在谈话中有漏洞的时候，就会更愿意接受你的观点。

当然，如果你发现他的旧方法比你的新方法更好，则应保留旧方法而丢弃你的新方法，其结果依然对你有利。

通用权威效应影响对方

权威效应，又称为权威暗示效应，是指一个人要是地位高，有威信，受人敬重，那他所说的话及所做的事就容易引起别人重视，并让他们相信其正确性，即"人微言轻、人贵言重"。

美国的心理学家曾经做过一个实验：在给某大学心理学系的学生们讲课时，向学生介绍一位从外校请来的教师，说这位教师是从德国来的著名化学家。试验中这位"化学家"煞有其事地拿出了一个装有蒸馏水的瓶子，说这是他新发现的一种化学物质，有些气味，请在座的学生闻到气味时就举手，结果多数学生都举起了手。对于本来没有气味的蒸馏水，由于这位"权威"的化学家的语言暗示而让多数学生都认为它有气味。

每个人都对身边的人或对社会有一定的影响力，但影响力的大小各有不同，一般来说，权威人物容易对其他人产生更大的影响。假如你的眼睛不适，到医院就诊，如果其他条件相同，有一位眼科专家和一位刚从医学院毕业的年轻大夫供你选择，你会选择哪个呢？相信你一定会选择专家，这说明，权威对我们的影响力要超出常人。

为什么有这种权威效应的存在呢？首先是由于人们有"安全心理"，即人们总认为权威人物往往是正确的楷模，服从他们会使自己具备安全感，增加不会出错的"保险系数"；其次是由于人们有"赞许心理"，即人们总认为权威人物的要求往往和社会规范相一致，按照权威人物的要求去做，会得到各方面的赞许和奖励。

被权威效应所引导，一个非常明显的例子就是美国的汽车。在美国，汽车是一种尤其能引起人们兴趣的地位标志，根据旧金山进行的一项调查发现，拥有名车的人更能受到人们的尊重，而试验也证明，绿灯亮起来的时候，人们往往会根据停在前面的车是名车还是普通车型而确定是否以按喇叭的方式进行催促。如果是名车，排在后面的人往往愿意等得久一些，而如果是普通车，他们很快就会不耐烦了。坐在名车里面的人就一定是受人尊重的人吗？当然未必，但是他的车是名车，所以在别人的眼里，他这个人的地位自然就被提升了。

另外一个例子就是牙膏广告，当追问看过广告的受众，广告中有哪些人物的时候，人们普遍都提到了医生。不错，医生的身份就是用来影响受众的，广告主利用的就是人们对医生的

专业性和权威性的认同。但是问题在于，广告中并没有明确告诉你穿白大褂的就是医生，这是营销中对权威效应的绝妙应用，是基于对人们心理的深刻把握。

在企业中，领导也可以利用"权威效应"去引导和改变下属的工作态度以及行为，这往往比命令的效果更好。因为，一个优秀的领导肯定是企业的权威，或者为企业培养了一个权威，然后利用权威暗示效应进行领导。当然，要树立权威就必须先对权威有一个全面深层的理解，这样才能正确地树立权威，才能让权威保持得更加长久。

在生活中，我们如果要说服他人，可以引入权威效应，引导对方的态度和行为。有人跟你的看法有冲突，如果你可以找一个权威人物曾经说过的话或做过的事的证据，那么那个人就会认同你的看法。

利用从众心理将其同化

在日常生活中，人们的很多行为都受从众心理的影响。例如，大街上有两个人吵架，本没有什么大事，但如果有人围观，那么围观的人会越来越多，甚至会导致交通堵塞。在超市的特价商品区，一大群家庭主妇会争先恐后地抢购一些她们未必需要而价格也未必实惠的商品……

这些就是"从众行为"，通俗地说就是"人云亦云""随大流"，大家都这么认为，自己也就这么认为；大家都这么做，自己也就跟着这么做。

为什么会产生从众行为呢？这是因为，群体成员如果发现自己的行为和意见与群体不一致，或与群体中大多数人有分歧时，就会感到有压力，这种压力会促使他趋向于与群体保持一致。也只有与众人保持一致，才会有"没有错"的安全感，即使错了，也会因为"大家都这样"而感到安慰。

在生活中，如果我们可以恰到好处地应用从众心理，它就可以成为一种十分有力的武器，帮助我们起到同化对方的作用，让对方在寡不敌众的劣势下，不得不妥协，而加入群体之中来。

从众心理对人们行为的影响已被商家意识到，并灵活应用到了各种销售战略上。例如，一家卖烤鸭的连锁店，在分店开张时，就会雇用一大群人，围在店门口，制造人气，吸引顾客。再如，向年轻人推销笔记本电脑时，就先雇一些大学生，让他们随时随地携带。这种故意烘托出的氛围对其他潜在消费者来说，是一个相当大的诱惑：这么多人都有，而且这么享受，自己也要去买一台。

利用从众心理可以帮助我们集聚众人、增加人气，也可以在绝大多数人的意见一致时，对个别人起协调作用，使之与集体保持一致，可以概括为：以众敌寡、逐渐同化。例如，与其用说教的方法强迫孩子读书，不如让他和喜欢读书的孩子在一起。虽然刚开始时，他会觉得别扭，不大合群，但久而久之就会被同化，变得喜欢读书。再如，如果想让那些不喜欢发言的职工在会议中开口说话，就可以让一些"引导人"先发言，从众心理会使那些不爱发言的人也不由得采取了"同调行动"，踊跃发言。

在现实生活中，少数服从多数的原则会对人们形成很大影响，给少数派的人造成很大的压力，使其心理立场发生动摇，最终放弃自己的主张而被别人同化。有时，我们为了获得这样的效果，则需要制造一种以众敌寡的压倒性局面和氛围，迫使对方就范。

要劝服一个人遵从自己的意见，可以采取以众敌寡，逐渐

同化的方法。一个人唇焦舌敝地苦苦相劝，可能并不能达到说服的效果，而让多个人轮流去劝说，就会给对方造成压力，使其被同化。

间接指出对方的错误

间接指出别人的错失，要比直接说出口来得温和，且不会引起别人的强烈反感。

我们在说服别人时，常常会犯这样一个错误，就是当发现对方有明显的错误时，会毫不客气地批评对方说："那是错的，任何人都会认为那是错的！"这样一来，对方的自尊心会受到伤害，并突然陷入沉默，或挑剔你的言辞来拒绝你的说服。

因此，为了不触犯对方的自尊心，即使发现了对方的错误，也不要立刻指出，而应采取间接的方式，继续进行说服。据说美国政治家富兰克林年轻时非常喜爱辩论，尤其是对于别人的错误更是不能容忍，总是穷追到底。因此，他的看法常常不能被人接受。当他发现了自己的缺点之后，便改以疑问的形式表达自己的意见，后来他取得了众所周知的成就。

由此可知，不要用"我认为绝对是这样的！"这类口气威压对方。用"不知道是不是这样？"这种委婉的态度与对方交谈效果会更好。

卡耐基曾花了3年时间创作和修订了《林肯的另一面》一书。书中这样写道：

"不错。他住在印第安纳州湾谷的时候，年纪尚轻，不仅喜欢评论是非，还写信写诗讽刺别人。他常把写好的信丢在乡间路上，使当事人很容易发现到。

"林肯在伊利诺伊州的春田镇当过见习律师后，仍然喜欢在报上公开抨击反对者，不过只是偶尔而已。

"其中，有封信所导致的后果，使他刻骨铭心，永生难忘。

"1842年秋天，他又写文章讽刺一位自视甚高的政客詹姆士·希尔斯。他在《春田日报》上发表了一封匿名信嘲弄希尔斯，全镇哄然，引为笑料。自负而敏感的希尔斯当然愤怒不已，并终于查出写信的人。他跃马追踪林肯，下战书要求决斗，林肯本不喜欢决斗，但迫于情势和为了维持荣誉，只好接受挑战。他有选择武器的权利，由于臂长，他选择了骑兵的腰刀，并且向一位西点军校毕业生学习剑术。到了约定日期，林肯和希尔斯在密西西比河岸碰面，准备一决生死。幸好在最后一刻有人阻止他们，才终止了决斗。

"这是林肯终生最惊心动魄的一桩事，也让他懂得了与人相处的艺术。从此以后，他不再写信骂人，也不再任意嘲弄人了。也正是从那时起，他不再为任何事指责任何人。

"南北战争期间，林肯好几次调兵遣将，更换波多马克军的将领——波普、马克克兰、胡克、伯恩赛德和米地。但是，这些将领接二连三地出错，几乎使林肯陷入绝境。全国有半数人无情地指责林肯用人不当，但林肯'毫不怨天尤人，宽容地保持缄默'，他最喜欢的一句名言是：'你不论断他人，他人就不会论断你。'当时，连林肯夫人都极力谴责南方人。林肯答道：'不用责怪他们，同样的情况换上我们，大概也会如此而为。'

"1863年7月3日，盖茨堡战役拉开了，到了7月4日晚上，李将军开始向南方撤退。当时乌云密布，随即暴雨倾盆而下。李将军带着败兵逃到波多马克河边，只见前方是高涨的河水，后方是乘胜追击的政府军，李将军进退维谷，真是陷入了绝境。林肯见了，知道这是天降的良机，只要打败李将军的军

队，战争很快就可以结束了。于是，他满怀希望地下了一道命令给米地将军，要米地将军立刻出击李将军部队，不要通知紧急军事会议。林肯不但用电报下令，还另派专差传讯，要米地马上行动。

"米地将军有没有马上行动呢？正好相反。他完全违背林肯的命令，先行通知紧急军事会议。他迟疑不决，故意拖延时间，用尽了各种借口，拒绝攻打李将军。最后，水退了，李将军和军队越过波多马克河，顺利南逃。

"林肯勃然大怒，'这是怎么回事？'林肯对着儿子劳勃特咆哮，'老天，这究竟是怎么回事？他们就在触手可及的地方，只要我们伸出手，他们必定跑不掉的。难道我说的话不能让军队移动半步？在这种情况下，什么人都可以打败李将军，就是我也可以让李将军俯首就擒。'极端失望之余，林肯坐下来给米地写了一封信。记住，这时的林肯，言论措辞都比以前自制保守。所以，这封写于1863年的信，已表达了林肯内心的极端不满。

"'亲爱的将军：

"'我不相信你对李将军逃走一事会深感不幸。他就在我们伸手可及之处，而且，只要他一就擒，加上我们最近获得的胜利，战争即可结束。现在，战争势必延续下去，上星期一你不能顺利擒得李将军，如今他逃到波多马克河之南，你又如何能保证成功呢？期盼你会成功是不明智的，而我也并不期盼你现在会做得更好。良机一去不复返，我实在深感遗憾。'

"你认为米地将军读了这封信之后，会有什么表示？"出乎意外的是，米地将军从没有读过这封信，因为林肯并没有把这封信寄出去。这是后来，别人在一堆文件中发现的。

"我的猜测是……这仅是我的猜测……林肯在写完这封信之后，望着窗外，心里想：'慢着，也许我不该这么性急。坐在安静的白宫里发号施令很容易，如果我身在盖茨堡，像米地一样每天看见许多人流血，听许多伤兵哀号，也许就不会急着要攻打敌人了。如果我个性像米地一样畏缩，大概也会做出同样的决定吧！无论如何，现在木已成舟，把这封信寄出，除了让我一时痛快，没有别的用处。米地会为自己辩论，会反过来攻击我，这只会使大家都不痛快，甚至损及他的前途，或逼他离开军队而已。'

"于是，就像我所说的，林肯把信搁到一边，惨痛的经验告诉他：尖锐的批评和攻击，所得的效果都等于零。"

卡耐基在年轻时，总喜欢给别人留下深刻印象，所以写了一封可笑的信给当时刚出现在美国文坛上，颇引人注意的理查德·哈丁·戴维斯。那时，卡耐基正好帮一家杂志介绍作家，便写信给戴维斯，请他谈谈他的工作方式。在这之前，卡耐基收到一个人寄来的信，信后附注："此信乃口授，并未过目。"这话留给他极深的印象，显示此人忙碌又具有重要性。于是，卡耐基在给戴维斯的信后也加了这么一个附注："此信乃口授，并未过目。"实际上，他当时一点也不忙，只是想给戴维斯留下深刻的印象。

戴维斯根本不劳心费力地写信给卡耐基，只把卡耐基寄给他的信退了回来，并在信后潦草地写了一行字："你恶劣的风格，只有更添原本恶劣的风格。"的确，卡耐基弄巧成拙了，受这样的指责并没有错。但是，身为一个自负的人，他觉得很恼怒，甚至10年后卡耐基获悉戴维斯过世的消息时，第一个念头仍然是——实在羞于承认——他自己受到的伤害。

假如以后，你想引起一场令人至死难忘的怨恨，只要发表一点刻薄的批评即可。

让我们记住，我们所相处的对象，并不是绝对理性的动物，而是充满了情绪变化、成见、自负和虚荣的东西。

用间接的方式"建议"，而不是直接下"命令"，不但能维持对方的自尊，而且能使他乐于改正错误，并与你合作。

这种方式，使人们易于改正他们的错误。这种方法，维持了人们的自尊，使他们自以为自己很重要，使他们希望和你合作，而不是反抗你。

所以，如果你要帮助对方认识并改正错误，你要说服他人，就应该遵循这一原则：间接地指出他人的错误。

层递渐进，说服顽固的人

在现实生活中，我们常常需要说服别人，大到思想观念，小到生活琐事。然而，成功地说服别人并不是一件轻而易举的事，因为有时被说服人的思维惯性和既成偏见是相当顽固的。

面对这种情况，我们在进行说服时不必急于求成，可以采用一种"层递渐进"的技巧来逐步说服对方。所谓"层递渐进"指在说服时遇到十分固执的对象，可以先由对方不经意的问题切入，再层层递进，步步深入，从而逐渐引向实质性问题，使对方跟随说服者的思维轨迹渐渐接受说服者所讲的道理。

具体地说，主要有以下四种方法。

1. 由大及小的层层剥离

在说服别人时，可以采用由大及小的方法去分析整理，这是一种由点及面、层层剥离的技巧，可以使被说服者对说服者所持的观点、内容有一个较为深刻细致的了解，并能减轻对方接受新观点的心理压力，进而心悦诚服地改正错误。

2. 由小及大的招招紧跟

在说服别人时，也可以采用由小及大的方法，分步骤、分阶段去分析事理，这是一种得寸进尺、招招紧跟的说服方法。

此法的好处是容许被说服者在接受说服的过程中，存在一个认识过程，获取一些全新的认识。

3. 由此及彼的渐渐推理

如果正面说服别人有一定的难度，不妨暂且远离话题，向对方谈论另一件看起来与之毫不相干的事，再诱导对方归纳出其中蕴含的道理，然后由此理渐渐切入彼理，进行以此类推，回到原来所论之上，这时，对方就只有依常理而服气了。

4. 由远及近的步步深入

要说服某些偏执的人，可以采用以迂为直的策略，先聊一些与实质性问题较远的其他话题，再由远及近一步步进入实质性问题。这种方法的好处是能逐渐拉近双方心里的距离，层层铺垫、步步深入地引导对方，看起来所费的周折大，但却是取得说服成功的捷径。

总之，说服的过程是说服者对被说服者攻心的过程，也是被说服者心理渐变的过程。运用"层递渐进"的说服技巧，从理论上讲，符合心理学的基本规律，从实践中看，只要运用得恰当巧妙，就能取得理想的说服效果。

一开始就让对方不反对

在说服别人的过程中，很多人一上来就表明自己的主张，无视对方的观点和立场，或者根本听不进去对方的建议或意见，结果就会导致对方产生抵触情绪，落得一个双方不欢而散的结局。这里有个说服的小技巧，就是引导对方的话语达到自己的效果，从说话的开始就让对方一直说"是"，这样沟通就会顺畅很多。我们来看看，聪明的一休是如何利用这个策略说服大将军足利义满的。

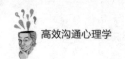

有一次，大将军足利义满准备在安国寺举行品茶会，于是将自己心爱的龙目茶碗放在了那里，没想到被一休不小心摔碎了。就在此时，义满派人过来取龙目茶碗，大家顿时慌了神，不知所措，唯有一休镇定自若，他笑着对大家说："不用担心，让我来应付好了。"

见到大将军后，一休笑着问道："义满大人，人或动物，以及世间一切有生命的东西，最终都会死掉，对不对？"

义满不知一休葫芦里卖的什么药，只好答道："是的。"

接着，一休又问道："世间一切有形的东西，最终都会破碎消失，对不对？"

义满再次答道："是的。"

听完义满的回答，一休突然满脸无辜地说道："您最心爱的龙目茶碗已经碎了，我们无力阻止，我相信，您一定会原谅我们的，对吧？"

"哈哈……"义满仰天大笑，"我这个老头子，还是上了你小和尚的当了。"

在这个故事里，一休的聪明之处在于，他并没有一上来就谈及茶碗已碎的事实，而是从对方的角度出发，强调彼此共同的观点，从而诱使义满不断地说"是"。最终，再悄无声息地过渡到自己的主张，等到义满突然察觉时，他已经做出了肯定的结论。

两千多年来，苏格拉底一直被人们尊称为"最有智慧的说服者"。他的秘诀是什么？很简单，就是一休使用的方法。直到今天，这种方法仍然被人们公认为"最聪明的劝诱法"。

为什么说服别人时，要尽量避免对方说"不"呢？这是因为，人们一旦说"不"，自尊心就会驱使他们固执己见。即使意识到自己的错误，他们也会坚持到底。因此，要想说服别人，一开始就要让他不反对。这在心理学上称为欧弗斯托原则。

有位太太，想要颗钻戒当生日礼物。但是她没直说，却讲："亲爱的，今年不要送我生日礼物了，好不好？"

"为什么？"丈夫诧异地问，"我当然要送。"

"明年也不要送了。"

丈夫眼睛睁得更大了。

"把钱存起来，存多一点，存到后年。"太太不好意思地小声说，"我希望你给我买一颗小钻戒……"

"噢！"丈夫说。结果，你们猜怎么样？

生日那天，她还是得到了礼物——得到了一颗钻戒。

她虽然要钻戒，却反着来，先说不要礼物，最后才把目标说出。因为她说后年才盼望着有个钻戒，丈夫今年就给她一份惊喜，无论太太或丈夫，感觉都好极了，不是"双赢的沟通"吗？

要想说服别人，一开始就让对方不反对，我们得到的肯定答复越多，为自己的意见争取到的主动权就越多。

第七章

美言温心，懂得赞美受欢迎

学会赞美别人，赢得好感

赞美别人，仿佛是用一支火把照亮别人的生活，也照亮自己的心田，有助于发扬被赞美者的美德和推动彼此友谊健康地发展，还可以消除人际间的龃龉和怨恨。赞美是一件好事，但绝不是一件易事。赞美别人时如果不审时度势，不掌握一定的赞美技巧，即使你是真诚的，也会变好事为坏事。

开口前我们一定要掌握以下技巧。

1. 情真意切

虽然人人都喜欢听赞美的话，但并非任何赞美都能使对方高兴。能引起对方好感的只能是那些基于事实、发自内心的赞美。相反，你若无根无据、虚情假意地赞美别人，不仅会使人感到莫名其妙，更会觉得你油嘴滑舌、诡诈虚伪。例如，当你见到一位其貌不扬的小姐，却偏要对她说："你真是美极了。"对方立刻就会认定你所说的是虚伪之至的违心之言。但如果你着眼于她的服饰、谈吐、举止，发现她这些方面的出众之处并真诚地赞美，她一定会高兴地接受。真诚的赞美不但会使被赞美者产生心理上的愉悦，还可以使你经常发现别人的优点，从而使自己对人生持有乐观、欣赏的态度。

2. 翔实具体

在日常生活中，人们有非常显著成绩的时候并不多见。因此，交往时应从具体的事件入手，善于发现别人哪怕是最微小的长处，并不失时机地予以赞美。赞美用语愈翔实具体，说明你对对方愈了解，对他的长处和成绩愈看重。让对方感到你的真挚、亲切和可信，你们之间的距离就会越来越近。如果你只是含糊其词地赞美对方，说一些"你工作得非常出色"或者"你是一位卓越的领导"等空泛飘浮的话语，可能会引起对方的猜度，甚至产生不必要的误解和信任危机。

3. 合乎时宜

赞美的效果在于相机行事、适可而止，真正做到"美酒饮到微醉后，好花看到半开时"。

当别人计划做一件有意义的事时，开头的赞扬能激励他下决心做出成绩，中间的赞扬有益于对方再接再厉，结尾的赞扬则可以肯定成绩，指出进一步的努力方向，从而达到"赞扬一个，激励一批"的效果。

4. 要独树一帜

在称赞别人的时候，要明白无误地告诉他，是什么使你对他印象深刻。你的赞赏越是与众不同，就会越清楚地让对方知道，你曾尽力深入地了解他并且清楚地知道自己现在有此表达的愿望。

称赞对方具备某种你所欣赏的个性时，你可以列举事例为证。比如，他提过的某个建议或采取过的某一行动："对您那次的果断决定，我还记忆犹新呢。那个决定使您的利润额上升了不少吧？"

应尽量点明你赞赏他的理由。不仅要赞赏，还要让对方知道为什么要赞赏他："当时您是唯一准确地预料到这一点的人。"

数据可以使你的赞赏更加确实可信："有一回我算了一

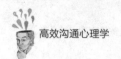

下，用您的方法可以节省多少时间，结果是……"

如果可能，不妨有选择地给你的一些客户或合作伙伴书面致函，表示你对他们的欣赏。只要你有充足的理由，完全可以把你的赞美之辞诉诸笔墨。书面赞赏的效果往往非常好。"赞扬信"不会被对方丢弃。如果你的文笔既有深度又与众不同，对方还会百读不厌。

我们赞美的基本原则是：要令你的赞赏真实可信。应让对方明白，你的赞扬是经过认真考虑的肺腑之言。

因人而异，赞美效果更好

人的素质有高低之分，年龄有长幼之别，因人而异，突出个性，有特点的赞美比一般化的赞美能收到更好的效果。老年人总希望别人不忘记他"想当年"的业绩与雄风，同其交谈时，可以多称赞他引为自豪的过去；对年轻人不妨语气稍微夸张地赞扬他的创造才能和开拓精神，并举出几点实例证明他的确能够前程似锦；对于经商的人，可以称赞他头脑灵活，生财有道；对于有地位的干部，可以称赞他为国为民，廉洁清正；对于知识分子，可以称赞他知识渊博、宁静淡泊……当然这一切要依据事实，切不可虚夸。

赞美别人，不单单只是用花言巧语、甜言蜜语，更重要的是根据对方的文化修养、个性性格、心理需求、所处背景、角色关系、语言习惯乃至职业特点、性别年龄、个人经历等不同因素，恰如其分地表扬或称赞对方。

赞美因人而异，必须考虑以下几点因素。

1.听者的文化知识水平

文化知识水平不同，对说话的接受能力也是不同的。比如，要表述对社会嫉贤妒能现象的认识，听者为知识分子，可以说"木秀于林，风必摧之；堆高于岸，流必湍之；行高于众，人必非之"。但这话就不能再照搬讲给文化水平不高的听众，说"枪打出头鸟""出头的椽子先烂"这样的俗语，对方会更容易接受，讲话才会有效果，赞美人同样如此。

2.听者的个性性格

如果对方性格外向，透明度高，多赞美他，他会很自然地接受；如果对方比较内向、敏感、较严肃，你一味赞美他，会使其认为你很轻浮、浅薄。因此，在赞扬对方时要注意这一点。

3.听者的心理特点和情感需求

交谈双方各有欲望，要迎合对方的需求讲赞美的话。一个不喜欢淑女型、个性鲜明、男孩子气十足的女子，你夸她如果长发披肩、长裙摇曳，定会婀娜多姿、美丽迷人，她也许不会感激你，还有可能骂你多管闲事。如果了解她的心理，夸她短发看起来又精神又有活力，她一定会开心。

4.听者的性别特征

与不同性别的人讲话，应选择不同的方式。对体胖的女子，你说她又矮又胖，一定会令她反感，但你夸她一点不胖，只是丰满，她会得到几分心理安慰，不会因为自己胖而自卑。而对同样体型的男子，你说他矮胖子，他也许只是置之一笑。

5.听者的心境特征

俗话说，"入门休问枯荣事，观看容颜便得知"。在赞美别人时，要学会察言观色。一个为事业废寝忘食的年轻人，便可以称他"以事业为重，有上进心"；一个为了债务焦头烂额、心绪不宁的企业家，你夸他"事业有成，春风得意"，对方会认为你是在讲"风凉话"，这种话便会起到适得其反的效果。

除了以上因素，还要考虑不同职业、不同宗教信仰等因素。列宁说："对马车夫讲话应该不同于水手，对水手应该不

同于对排字工讲话。"陈毅某次出访东南亚，一宗教界人士送他一尊菩萨，他见机谢道："有了菩萨保佑，我更不怕帝国主义了。"这里陈毅借用宗教术语，显示了对宗教的尊重，对宗教界人士的谢意，有深意而不乏风趣幽默。

挖掘别人不为人知的优点

当一个人处在众口一词的赞美中时，往往不会再把这种同一内容的赞美当回事，这时，如果你能找到别人都忽视了的优点来赞美，就必然能引起这个人的注意。因为人总是希望别人能尽可能多地发现自己的优点。

为了突出与众不同，给人留下深刻的印象，懂得沟通的人的赞美往往是独特的。比如，对一个健美冠军，他不会去赞美其长得真健壮、真美，因为电视、广播、报纸都已介绍过了，而且电视、广播、报纸的赞美不比我们的赞美更让人激动吗？此时，他会挖掘对方不明显的优点去加以赞美，比如赞美其烹调手艺等。爱因斯坦就这样说过，别人赞美他思维能力强，有创新精神，他一点都不激动，他作为大科学家，听这类话都已听腻了，但如果谁赞美他小提琴拉得真棒，他一定就会兴高采烈。

懂得沟通的人，从来不跟在别人后面人云亦云的赞美，而是竭力去挖掘别人一些不为人知的优点，表现其赞美的独特性，让人得到一些新的刺激，这样效果反而更好。

学会寻找和发现别人与众不同的成绩和长处，使你的赞美也巧妙地与众不同；经常既恰到好处又实事求是地赞美别人，别人就喜欢你，你就容易得人心，同时也是你对自己的认可。

真正会说话的人独具慧眼。独具慧眼的赞美者善于发现被赞美者身上拥有的，别人发现不到的优点。比如，面对一幅油画作品，几乎所有的人都异口同声地叹道："真是太绝了！""我再练十年恐怕也赶不上！"油画家对这样的恭维早就习以为常了。独有一位慢慢地说道："常言说，画如其人。您的画运笔沉稳，是和您刚正不阿的秉性、对人生与社会的深刻思考分不开的。这是您跟一般画家最大的不同点，也是最大的优点。"谈画论人，在行在理，独辟蹊径，巧妙地换了个新角度，令人耳目一新。他的赞美与众不同，且技高一筹，非常讨画家喜欢。

小杜是学校里出了名的"歌星"，每次晚会或其他娱乐活动都少不了他的歌声。在一次元旦晚会上，他又成功地演唱了一首歌，表演完后，台下一片喝彩声。回到观众席，大家还在对他的歌声赞不绝口。这时，一个师弟对他说："师兄，你的舞也和你的歌一样棒啊！刚才看你在台上的舞姿，觉得你跳舞肯定也很厉害！"

听惯了别人称赞自己会唱歌的小杜头一回听人如此关注并称赞自己的舞蹈，自然非常开心，不过还是谦虚地说自己不太会跳舞，长项还是唱歌。这时，师弟马上接上他的话："对呀，师兄的歌喉真是没得说！有空教教我吧。"小杜在愉快的心情中欣然应允。

这位师弟没有把小杜被公认的唱歌水平拿来赞美，而是夸他舞也跳得很好，一下子吊起了他的胃口，让他心里十分舒服，很爽快地答应了师弟的要求。

肤浅的赞美让人感到乏味与空洞，受到你赞美的人也丝毫感觉不到荣耀，并可能会因为你的言语产生一种不安与困惑；而独具慧眼的赞美让人觉得你看到了被赞美对象的实质，你确

确实实对被赞美者产生了认同感，而被赞美者也会对你的一双慧眼报以信赖，会产生与你积极沟通的愿望。

适当地赞美别人的优点和长处

威廉·詹姆斯说过，人性的根源有一种被人肯定、称赞的强烈愿望。这是人和动物的最大不同点。谁不想被身边的人称赞？谁不希望被旁人肯定自己存在的重要性与价值？但是，十分露骨的奉承话，却没人愿意听。因此，发自内心的真诚的赞美语言，最能打动人心。

霍尔·凯因出身卑微，他的父亲是个铁匠。由于家庭环境清苦，他只读了8年书就辍学找事做。不过，他很喜欢十四行诗和民谣，特别推崇英国诗人罗塞迪的文学作品与艺术修养。有一次，他一时兴起，写了封信给罗塞迪，赞美他在艺术上的贡献。

罗塞迪非常高兴，心想："如此赞美我的人，一定也是很有才华的人。"于是请霍尔·凯因来伦敦当自己的秘书。这是霍尔·凯因一生的转折点。自就任新职后，他就和当时的文学家密切往来。得到他们的支持和鼓励，再加上自己不断地努力，不久，其文学名声便远扬各地。

如今，霍尔·凯因在曼岛的私人宅邸，已成为世界各地观光者必参观的名胜之一。据说，他身后留下的财产，远在250万美元以上。如果当初他未曾写信给罗塞迪，说不定就会穷困潦倒地终其一生，不会有此声名和财产。

赞美作为一种交际行为和手段，它的作用在于激励人们不断进步，能对人的一生产生深刻的影响，能沟通人与人之间的感情。

赞美的威力为什么会那么强大呢？因为，每个人都希望获得别人的赞美，没有人喜欢遭到别人的指责和批评。马克·吐温说："只要一句赞美的话，我可以活上两个月。"要使人们始终处于施展才干的最佳状态，唯一有效的方法，就是表扬和奖励，毕竟，没有什么比受到批评更能扼杀人们的积极性了。

著名的成功大师卡耐基小时候是一个公认的淘气大王。他的母亲很早就去世了。在他9岁的时候，父亲把继母娶进家门。当时他们是居住在弗吉尼亚州乡下的贫苦人家，而继母则来自经济状况较好的家庭。

一进家门，他父亲就一边向继母介绍卡耐基，一边说："希望你注意这个全县最坏的男孩，他可让我头疼死了，说不定在明天早晨以前他就会拿石头扔向你，或者做出别的什么坏事，总之让你防不胜防。"

卡耐基对于父亲这一套已经习以为常了，以前他的确让父亲费了不少脑筋。然而，令卡耐基大惑不解的是，继母微笑着走到他面前，托起他的头看着他，接着又看着丈夫说："你错了，他不是全县最坏的男孩，而是最聪明、但还没有找到表现机会的男孩。"这一句话，令淘气的坏男孩几乎落泪。他心里感到很温暖，自然对这个继母充满了好感。

继母的这一句话，不仅让他和继母开始建立友谊，同时也成为激励他的一种动力，使他日后创造了成功的28项黄金法则，帮助千千万万的普通人走上了成功和致富的光明大道。

赞美的力量竟是如此的不可思议。无数事实证明，真诚的赞美，可以使对方心情愉悦，拉近双方的距离，消除隔阂。因此有人说，每个人都逃不过赞美这种"甜食"的诱惑，赞美之

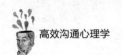

词是世界上最美丽的语言。适当地赞美别人的优点和长处，这是正确处理人与人之间关系的一条重要而实用的法则。

借题发挥，赞美不能太突兀

赞美，有时需要在一定的语境里发挥，赞美者要能抓住关键的"题眼"。"题眼"，可以是人，也可以是事。

琳娜在一家企业做公关，自称是一个爱"八卦"的女孩，对明星、星座都特别感兴趣。不过，也正是她这爱"八卦"的性格，让自己在赞美别人时如同清风拂水，不留痕迹。

琳娜的同事小怡的星座是射手座。午休时，同事们聊天，有时谈起射手座的明星，琳娜就顺便恭维她几句——"射手座就是热情似火，你看看小怡就知道，像个小太阳似的，有她在，咱们就能感受到阳光和温暖。"会计小王的星座是天蝎座，看到她穿了漂亮衣服，琳娜说："这衣服正适合你，天蝎座的一大特点就是神秘，你现在就给人这种感觉。"

渐渐地，琳娜发现大家对她的"八卦"分析越来越感兴趣。琳娜想，每个人的心中都有一个花园，渴望着被浇灌、被欣赏，她愿意做这样一个浇灌者和欣赏者，哪怕这种方式有点"八卦"，那又何妨呢？

其实，我们内心都隐藏着被别人了解的热望，而琳娜的行为，正迎合了身边同事的这种热望，看似在谈明星、谈星座，实际上却让周围的人觉得她所谈论的事情与自己紧密相关，琳娜的话恰到好处地与同事的优点挂钩，更让人对她的"八卦"产生好感。同时，大家还会在琳娜那里感觉到一种被重视感，如此一来，对她产生喜爱之情就是自然而然的事了。

在此提醒想要效仿琳娜的朋友们：借"八卦"表示欣赏的确是个不错的做法，不过，一定不要本末倒置，要清晰地记住，大家真正感兴趣的是对自己的评价与描述，而不是八卦的内容。因此，要想让此招长久有效，还是需要拿出真正发现别人优点的热情和耐心来，这才能让对方感觉到你的诚意。

借题发挥式的赞美有很多种，只要能找到恰当的"契合点"，就一定会让对方乐意接受你的赞美。借题发挥式的赞美主要是含蓄地表达赞美意向，从而不露痕迹地巧妙称赞对方，让对方在不知不觉之中潜移默化地受到融洽气氛的感染。

如果要间接地赞美某一个人，可以从他的职业、籍贯、地域、特产、气候特点等方面进行。借题发挥的"题"有很多，只要稍加留心，就能在那个"题"上加进自己的赞美，让对方觉得顺理成章，很自然就会从内心接纳你的赞美。

要学会满足别人的荣誉感

赞美，是现代交际不可缺少的。几句适度的赞美，可以使对方产生亲和心理，为沟通提供前提。喜欢赞美，是人的天性。人既想客观地了解自己，又想得到好评。如果一个人的长处得到别人的肯定，他就会感到自我价值得到确认，产生"自己人效应"。心理学家证实：心理上的亲和，是别人接受你意见的开始，也是转变态度的开始。

某市文化公司要建一座现代化的写字楼。这一天，公司王经理在办公，家具公司的李经理找上门来推销办公家具。

"哟，好气派。我从来没有见过这样漂亮的办公室，如果我

有一间这样的办公室，我这一生的心愿就都满足了。"李经理这样开始了他的谈话。他用手摸了摸办公椅扶手，说："这不是红木吗？难得一寻的上等木料哇！"

"是吗？"王经理的自豪感油然而生。说罢，不无炫耀地带着李经理参观了整个经理室，兴致勃勃地介绍设计比例、装修材料、色彩调配，兴奋之情，溢于言表。

不用说，李经理顺利地拿到了王经理签字的办公家具的订购合同。他达到了目的，也给了王经理一种满足。

李经理成功的诀窍，就在于他了解交往对象。他从王经理办公室入手，巧妙地赞扬了王经理所取得的成就，使王经理的自尊心得到了极大的满足，并把他视为知己。这样，办公家具的生意也就自然非李经理莫属了。

由于人有自我意识，因此接受任何东西，哪怕是最中肯的劝告，也要受情绪和情境的影响。人向来注意外界对自我的评价。赞美这种外界评价，就有助于创造良好的情境和情绪，从而有利于事情的解决。

美国管理专家查尔斯·施瓦布被认为是一个钢铁业的天才，他在当时每天可以领3000多美元的薪酬，年工资为100万美元。查尔斯·施瓦布自己这样认为："我认为我所拥有的最大财富是我能够激起人们极大的热诚。要激起人们心目中最美好的东西，其方法就是去鼓励和赞美。我从来不指责任何人。我信奉激励人去工作。所以我总是急于表扬别人什么而最恨吹毛求疵。如果我问喜欢什么东西，那就是诚挚地赞扬别人。""我在世界各地见到过许多伟人和普通人，但我仍然要去寻找发现一个人，不管他的身份多高、多重要，他在赞扬面前总比在批评面前工作得更好，花费的精力更少。"

施瓦布的秘诀就是在公开或私下的场合，赞美别人。赞美可以使人奋发向上，促使一个人走向光明的路程，是前进的动力。在公关交谈中，真诚的赞扬和鼓励，能满足人的荣誉感，使人终生难忘。

说一句简单的赞美话，实在不是一件难的事情，只要你愿意并留心观察，处处都有值得赞美的地方，而适时说出来，会产生意想不到的效果。

法国总统戴高乐于1960年访问美国时，在一次尼克松为他举行的宴会上，尼克松夫人费了很大的劲儿布置了一个美丽的鲜花展台：在一张马蹄形的桌子中央，鲜艳夺目的热带鲜花衬托着一个精致的喷泉。精明的戴高乐将军一眼就看出这是女主人为了欢迎他而精心设计制作的，不禁脱口称赞道："女主人为举行一次正式宴会一定花很多时间来进行这么漂亮、雅致的计划和布置吧。"尼克松夫人听了，十分高兴。事后，她说："大多数来访的大人物要么不加注意，要么不屑为此向女主人道谢，而他总是想到和讲到别人。"在以后的岁月中，不论两国之间发生什么事，尼克松夫人始终对戴高乐将军保持着非常好的印象。

可见，一句简单赞美的话，会带来多么好的反响。

英国二战著名首相丘吉尔曾说过一句话："要人家有怎么样的优点，就怎么赞美他！"这说明赞美具有展现潜能的效果。

称赞最微小的进步

美国著名作家马克·吐温曾说过："只凭一句赞美的话我就可以充实地活上两个月。"的确如此，一个不懂得赞美他人

的人会时常觉得别人不配合他的步伐，因为赞美往往能产生意想不到的效果，而苛责则会把事情变得越来越糟。

我们都感受过得到赞美后舒畅、激动的心情，我们也清楚把赞美真诚地给予别人会赢得别人的心，但是一遇到具体的事情，就又会习惯性地把赞美作为次选，因为你从心底里认为可能别人做的事情不值得赞美。

何不把赞美当作与"力争"相对的一种手段？不是因为已有的结果而赞美，而是因为想要的结果而赞美，赞美会变得容易而真诚。

古代日本加藤清正家的老臣板田觉兵卫是一位勇猛又擅长军略的武将。但在加藤清正去世，宗族被追加了爵位后，觉兵卫却辞官并在京都过起了隐居的生活。有一次，他对别人说："我第一次在战场上建功时，也同时目睹了许多朋友因战殉职。当时心想，这是多么可怕的事情，我再也不想做武士了。可是，当我回到营里，加藤清正将军夸赞我今天的表现，随后又赐给我一把名刀。这时，我不想当武士的念头被打消了。后来，每次上战场，我总是有'不想再当武士'的念头。可是，每次回到营里时，总会又受到夸赞和奖赏。周围的人，都以钦美的眼光看我。所以，我的心意一次次地动摇，总是没能达成我的心愿，也就一直服侍清正公。现在想来，清正公真是巧妙地帮助了我。"

即使像觉兵卫这样的杰出勇士，在面临战争时，也会害怕，也有不想当武士的念头。更有趣的是，他因为受了加藤清正的夸奖和鼓励，而将一生贡献于服侍清正公。加藤清正的高明之处在于，他的赞美固然有嘉赏觉兵卫忠勇的因素，但更大的目的是把这个忠勇的部下留下来。

赞美的力量是无穷的。它能改变一个人的自我评价，令人重拾信心和希望，产生进取的力量，乃至改变人的一生。难怪卡耐基在成名后也非常注意对人的赞美："让我们先看看别人的优点，然后摒弃奉承，给人以真挚诚恳的赞美。如果你是发自内心的赞美，那么人们将把你的每一句话视为珍宝，终身不忘，即使你自己早已经忘了，但别人仍然会铭记于心。"

赞美是一种激励，可以使人信心十足，表现得比以前更好。不要吝啬你的赞美，每个人身上都有闪光点，去发现并赞美它们的同时，你会发现你也变得快乐，你的生活也在改变。

赞美不能无中生有，不伦不类

如果今天一大早就有人夸你"衣着得体，非常漂亮，有精神"，那么你一天的学习、工作状态一定都很好吧。看来小小的一句赞美有时能起很大的作用，它可以迅速拉近人与人之间的距离，得到别人的喜爱，也可以给他人信心、快乐。

然而，生活中有一些人偏偏学不会或不屑恰当地去赞美他人。下级赞美领导，被认为是拍马屁；男士赞美女士被认为心怀不轨，这些都是原本不必要的思想。谁都想要得到别人的肯定与赞同，为什么不试着去赞美一下别人呢？

要赞美他人，先要选好赞美的话题，不可过分夸张，更不能无中生有。对于青年人，可以赞美他年轻有为、敢于开拓；对于中年人，可以赞美他经验丰富、见多识广，这些都是恰如其分的。但如果赞美中年妇女活泼可爱、单纯善良就会显得不伦不类，弄不好还会招致臭骂。

清朝的中堂大人李鸿章，位高权重。文武百官都想讨他欢心，以便让他提携自己，能升个一官半职，也好光宗耀祖。这一

年，中堂大人的夫人要过五十大寿。这自然是个送礼的大好时机，寿辰未到，满朝文武就早已开始行动，生怕自己落在别人后面。

消息传到了合肥知县那里，知县也想送礼，因为李鸿章祖籍是合肥，这可是结攀中堂大人的绝好时机。无奈小小的一个知县囊中羞涩，礼送少了等于没送，送多了又送不起，这下可把知县愁坏了。思来想去拿不定主意，于是请师爷前来商量。

师爷看透了知县的心思，满不在乎地说："这还不好办，交给我了。保准你一两银子也不花，而且送的礼品让李大人刮目相看。"

"是吗？快说送什么礼物？"知县大喜过望，笑成了一朵花。

"一副寿联即可。"

"寿联？这，能行吗？"

师爷看到知县还有疑虑，便安慰他："你尽管放心，此事包在我身上。包你从此飞黄腾达。这寿联由我来写，你亲自送去，请中堂大人过目，不能疏忽。"

知县满口答应。

第二天，知县就带着师爷写好的对联上路了。他昼夜兼程赶到北京，等到祝寿这一日，知县报了姓名来到李鸿章面前，朝下一跪："卑职合肥知县，前来给夫人祝寿！"

李鸿章看都没看他一眼，随口命人给他沏茶看座，因为来他这里的都是朝廷重臣，区区一七品知县，李鸿章哪能看在眼里。

知县连忙取出寿联，双手奉上。

李鸿章顺手接过，打开上联："三月庚辰之前五十大寿。"

李鸿章心想：这叫什么句子？天下谁人不知我夫人是二月的生日，这"三月庚辰之前"岂不是废话。接着，李鸿章又打开了下联："两宫太后以下一品夫人。""两宫"指当时的慈安、慈禧，李鸿章见"两宫"字样，不敢怠慢，连忙跪了下来，命家人摆好香案，将此联挂在《麻姑上寿图》的两边。

李鸿章颇为赏识这副对联，自然对合肥知县另眼相待、称赞有加。而这位知县也因此官运亨通了。

一副对联既抬高了李鸿章夫人的地位，同时又做到了不偏不倚，没有盲目哄抬。

要赞美他人，就要善于体察人心，了解对方的迫切需要。每个人都愿意听好听的，只要你赞美得有分寸，不流于谄媚，不伤人格，定会博人欢心。赞美人的话不能过多，多了对方会不自在，觉得你是虚情假意、逢场作戏，因而不信任你。赞美过多也不利于交谈，在谈话中频频夸对方"好聪明""好有能力"，对方频频表示客气，往往使谈话无法顺利进行。

赞美对方本身不如赞美他的成绩。比如，赞美对方容貌就不如赞美他的品位与能力。因为容貌是天生的，无法改变的，而品位与能力是自己后天养成的，表明了自己的价值，是自身的成功。

赞美的话要有新意。不要总空洞无物地夸对方"好可爱""好聪明"，应当有自己的看法与见解。夸别人这件衣服好看，就不如夸她上衣与裙子搭配得非常巧妙，非常合适，整体效果好。

陌生人刚见面时，可以先赞美他的名字有新意、有内涵，以此拉近距离，展开下面的对话。这种方法会让人觉得你很友好，很重视他，愿意和他交谈。

留心对方的反应，当对方对你的赞美显得不自在或不耐烦时，就要适可而止了。

赞美也有保质期，关注变化效果好

赞美别人要善于把握机会，在恰当的时机表达赞美，才能起到相应的效果。否则，就像过了时的时装一样，根本引不起别人的兴趣。

例如，你和一位女士谈判时，她突然得意地对你说："我儿子今年考上清华大学了。"你要立刻停下所有的事情，接着她的话题说："啊，清华大学，真了不起，那可是全国最高等的学府啊。他爸爸特别聪明，你也聪明，怪不得你们的儿子这么聪明呢……记得当年我们高中，全年级几百人，也只能一两个考上清华北大的……"之后，才可以说："大姐，您看我们的合同怎么签？"

在母亲面前，一定不要吝啬对她孩子的夸奖，这比夸奖她本人更要令她高兴几百倍，因为，孩子在妈妈眼里都像天使一般可爱。比如，一位母亲拿出自己孩子的照片给你看："你看看，这是我儿子，多可爱。"此时，你一定要赞美："这是你儿子呀，我现在才知道帅哥小时候长什么样，我以前只见过大帅哥，没见过小帅哥。瞧你这儿子，长得多好，你看这皮肤多白，眼睛多大，哎，还是双眼皮呢。你看这腿多长，将来一定是个大高个儿。看这脑门儿多大，将来肯定特别聪明……"——你总能找出值得赞美的地方。

假如你接过照片，随意地看了一眼就还给了对方，什么也没说，那就表明你背后的意思是："你的儿子，实在没有什么优点，没有值得夸耀的地方……"看到你这种表现，对方该多么郁闷。

除了赞美之词要及时，还应该细心发现对方的变化，这样会让对方感觉到你是在关注他，从而满足人内心渴望受重视的"虚荣"感。觉察到别人的变化，就要大胆地表达出来。对于好的变化，一定不要吝惜赞美之词。

刘振岭有一位领导，50多岁，平时习惯穿正装。突然有一天，他穿了一套运动服，而且颜色并不好看。刘振岭心想要夸他穿得好看吧，有点假，因为不是自己的真心话，这不符合赞美要发自真诚的原则，但他又不能视而不见，他要表达对领导的关注。领导这样穿一定有他的原因，也许他要参加一项体育活动，也许他想换个心情……人与人之间的审美也不尽相同，自己要发现其中的优点……于是，刘振岭说："经理，你这身穿起来真显年轻。"这"真显年轻"说的是事实，领导听了很高兴，走路的步子也轻快了许多，还真显得更有活力了。

刘振岭就是个善于赞美别人的人，他抓住了领导的着装变化，及时地给予了赞美，不仅赞美得体，而且满足了领导的虚荣心。任何人都需要赞美，领导也需要赞美。

总之要记住，赞美也有保质期，要适时地表达，且要关注对方的变化，否则，赞美就变成了老套的陈词，让人听了跟没听一样，没有任何反响。

第八章

幽默趣言，消除隔阂巧悦心

让幽默为你的魅力增光添彩

所有的人都会年华逝去，红颜不再。但岁月只能风干肌肤，而不会使睿智和幽默的魅力减去分毫。

乔羽不但歌词写得好，而且话也说得妙，乔羽幽默诙谐、能"侃"会说，在京城文艺圈内久负盛名。

据报载，某年6月中旬，中国民族声乐比赛初评在武汉举行，乔羽是评委之一。在炎热的武汉一天三班地连续听录音，对65岁的乔羽来说可不轻松。为了解闷，乔羽不断地抽烟，一边抽还一边念念有词："革命小烟天天抽。"也是评委的歌唱家邓玉华为乔羽补充了三句，成了一首打油诗："革命小烟天天抽，遇到困难不犯愁；袅袅青烟佛祖嗅，体魄康健心长愁。"乔羽听罢，微微一笑，他联想到邓玉华每餐节食的情景，也回敬了一首："革命小姐天天愁，腹围过了三尺九；干脆天天吃肥肉，明天又到四尺九。"众人听后都捧腹大笑，连日来的劳累烟消云散。

乔羽不是美男子，由于头发稀少，不熟悉他的人，往往容易将65岁的乔羽判断为70多岁的老人。但乔羽从未感到自己老了，他说："我从18岁就开始脱发了，看来是不会再长了，索性毛全掉光，成了老猴子，倒用不着理发了。我心里从没有感到老。年龄是你的一种心理上的感受，你觉得自己老了，即使年轻也真的老了；你觉得自己还年轻，即使老了你也还年轻。"这段话充分展示了乔羽乐观向上的精神面貌，他非常幽默，用自嘲的手法跟自己开起了玩笑，不言头发而称"毛"；并自喻"老猴子"，让人闻之不禁莞尔，而"倒用不着理发了"一句则在幽默之中透露出了乔羽的豁达心境。

幽默的魅力，如空谷幽兰，你看不到它盛开的样子，却能闻到它清新淡雅的香味；幽默的魅力，又如美人垂帘，不能目睹美人的芳华，却能听到美人的声音，间或环佩叮咚，引人无限遐思。

启功先生的前半生可以说是充满了坎坷和艰辛，1岁丧父，母子二人便由祖父供养。10岁祖父过世，家道中落，一贫如洗，再无钱读书。后得到祖父门生极力相助，才勉强读到中学，但尚未毕业时，由于他个性坚强，不愿再拖累别人，便决心自谋生路。经祖父的门生傅增湘先生介绍，他认识了时任辅仁大学校长的陈垣。经陈垣介绍他得到了两份工作，两份工作皆因没有文凭而被炒。但他没有绝望，而是一边靠卖字画为生一边自学，最后终于在辅仁大学谋到一个教职。此后，在陈垣校长的耳提面命之下，取得长足进步。然而，命途多舛，1957年，他又被错划为右派分子，直到1979年才得以平反……

经过无数人生历练的启功先生，不但在艺术上取得了非凡的成就，而且心灵也步入了大彻大悟之境，生命中充满了一种"身心无挂碍，随处任方圆"的大气和洒脱。

启功先生成名之后，便经常有人模仿他的笔墨在市面上出

售。有一次他和几个朋友走在大街上，路过一个专营名人字画的铺子，有人对启功说："不妨到里面看看有没有你的作品。"启功好奇，便和大家一起走进了铺子，果然发现好几幅"启功"的字，字模仿得也真够到家，连他的朋友都难以辨认。他的朋友就问道："启老，这是你写的吗？"启功微微一笑赞道："比我写得好，比我写得好！"众人一听，全都大笑起来。谁知说话之间，又有一人来铺里问："我有启功的真迹，有要的吗？"启功说："拿来我看看。"那人把字幅递给他。这时，随启功一起来的人问卖字幅的人："你认识启功吗？"那人很自信地说："认识，是我的老师。"问者转问启功："启老，你有这个学生吗？"作伪者一听，知道撞到枪口上了，刹那间陷于尴尬、恐慌、无地自容之境，哀求道："实在是因为生活困难才出此下策，还望老先生高抬贵手。"启功宽厚地笑道："既然是为生计所迫，仿就仿吧，可不能模仿我的笔迹写反动标语啊！"那人低着头说："不敢！不敢！"说罢，一溜烟地跑走了。同来的人说："启老，你怎么让他走了？"启功幽默地说："不让他走，还准备送人家上公安局啊？人家用我的名字，是看得起我，再者，他一定是生活困难缺钱，他要是找我借，我不是也得借给他吗？当年的文徵明、唐寅等人，听说有人仿造他们的书画，不但不加辩驳，甚至还在赝品上题字，使穷朋友多卖几个钱。人家古人都那么大度，我何必那么小家子气呢？"启功的襟怀比之古人，可以说是有过之而无不及。

幽默是一种心境、一种状态、一种与万物和谐的"道"。

幽默的语言来自纯洁、真诚和宽容海涵般的心灵，是生命之中的波光艳影，是人生智慧之源上绽放的最美丽的花朵，是人们能够从你那里享受到的心灵阳光。幽默之魅力，如英国谚语所云："送人玫瑰之手，历久犹有余香"。

合理恰当地使用幽默语言

一个人若想在社交场上妙语连珠、风度翩翩、引人注目，幽默能助他一臂之力。幽默可以带给人们欢悦，让自己摆脱尴尬。幽默，实际上可以压倒别人，显示你的聪明之处，同时也能引起他人的兴趣，可以缓和紧张的气氛，使大家相处得快乐、融洽。

幽默是以机智为基础的，但又不和机智完全相同，两者有不同之处。机智可以把似乎风马牛不相及的事物巧妙地融为一体，在文句上搬弄花样，给人机智、聪慧的感觉。而幽默则是得体的自我玩笑。譬如，漫画的幽默：一个人头上戴着呢帽，鼻梁上架着眼镜，走起路来神气活现。不料正在自鸣得意时，脚底下踏到一块香蕉皮。刚才的威风和跌了一跤后的狼狈样，形成了一个鲜明的对比，给人一种幽默感。

幽默有时是文雅的，有时是含有暗示用意的，有时是高级的，有时是低级的。我们应切忌在交际中开低级趣味的玩笑，以此为幽默，有时一句普通的玩笑话会使人当场丢脸，反目成仇，所以在社交场合中，幽默应该显示人的高尚、斯文。

谈笑应恰如其分，因地因时适宜。比如，大家正在聚精会神地讨论研究一个具体问题，你突然在这里插进了一句毫无关系的笑话，不但不令人发笑，反而使人觉得无趣。

在社交场合中，如果一味地说俏皮话，无限制地幽默，其结果也会适得其反。譬如，你把一个笑话反复讲了三遍，起初人家还以为你很风趣，到后来听厌了就会感到呆板、恶心。

如果你的幽默带着恶意的攻击，以挖苦别人为目的，还

是不说为妙。再好的糖衣，如果里面包的是毒药，也会置人于死地。

口语表达应当具有幽默风趣的特征。说起话来挥洒自如、谈笑风生，在任何情况下都能应对自如、出口成"趣"。所以，训练口才不能不练"趣说"。幽默风趣是人际关系的"润滑剂""安全阀"，而风趣的谈吐会使我们生活得轻松。

幽默风趣并不是油滑、浅薄的耍贫嘴、打哈哈，它应当是智慧和灵感的闪光，含而不露地引发联想，出神入化地推动人们领悟一种观点、一种哲理，它有情的酿造、有理的启迪，传达着丰富的信息。同时，幽默风趣也是一种高妙的应变技巧，它常常能帮助我们在瞬息之间摆脱令人尴尬的窘境。但是，幽默风趣又不仅仅是一种技巧，它是一种品格、一种素质、一种特性、一种情怀的有意无意地流露。

那么，如何使自己具有幽默感呢？

1. 要在瞬息构思上下功夫，掌握必要的技巧

幽默风趣是一种"快语艺术"，它突破惯性思维，遵循反常原则，想得快、说得快、触景即发、涉事成趣，出人意料之外，又在情理之中。

比如，有位将军问一位战士："马克思是哪国人？"战士想了一会儿说："法国人。"将军一愣，随即便说："哦，马克思搬家了。"对于战士连这种常识性问题都答不出，将军当然不快，但这一"岔"，构成了幽默，其实也包含了对战士的批评教育。

2. 要注意灵活运用修辞手法

极度的夸张、反常的妙喻、顺拈的借代、含蓄的反语，以及对比、拟人、移就、拈连、对偶……都能构成幽默。另外，选词的俏皮、句式的奇特也能构成幽默。表达时，特殊的语气、语调、语速以及半遮半掩、浓淡相宜或者委婉圆巧、引而

不发，甚至一个姿势、一个心照不宣的微笑，都能传达意味深长的幽默和风趣。

3.注意搜集俯拾皆是的素材

丰富多彩的生活提供了许多有趣的素材，我们如果做个"有心人"，就会使自己的语言材料丰富起来。例如，谚语、格言、趣闻、笑话等，我们可以提取、改装并加工利用，这样我们的语言就会增加许多趣味性的"调料"了。

比如，有位女教师上了一节公开课，受到了很高的评价，但她却说："麻雀哪里能飞得过大雁啊！"这句话包含对自己表现不够的自知之明，也是风趣、得体的自谦，而这句话之所以很风趣，正是因为在她丰富的语言储备里顺便拈了句民谚俗语在里面。

4.用"趣味思维方式"捕捉生活中的喜剧因素

"趣味思维"是一种反常的"错位思维"，不按照普通人的思路想，而是"岔"到有趣的一面去。

演说家罗伯特是个光头，有人揶揄他总是出门忘了戴上帽子，他说："你们不知道光头的好处，我可是天下第一个知道下雨的人。"罗伯特并不为自己的"光头"苦恼，反而"美化"光头，他这是用"趣味思维方式"捕捉自己身上的"喜剧因素"。他的思维"错位"，使他想到的同别人就是不一样。

幽默风趣较多运用于应变语境。在口才训练中，幽默风趣的表达是应该达到的较高境界。通过"趣说训练"，要在进一步提高心理素质的同时，习惯于"趣味思维方式"，习惯于用"错位"语言艺术，使表达更风趣、诙谐，更有吸引力。

1862年，美国黑人律师约翰·罗克勤发表反奴隶制演说，一登台就这样说："女士们、先生们——我到这里来，与其说发表讲话，还不如说是给这一场合增添一点点颜色……"（笑声）显然，黑人面对白人群众是"添"了点颜色，但除此还有言

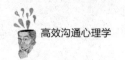

外之意，这里用的是双关引趣手法。

在我们日常生活中，只要不满足于"惯性表达"，善于在说话前先在脑子里打个"弯"，这时说出来的话也许就俏皮得多。

幽默作为一种"错位"语言艺术，常常运用意外的甚至驴唇不对马嘴的组合，构成令人捧腹的幽默，因此要突破常规思维。平时要多留意以"错位"为特征的幽默言语，但要注意，幽默的俏皮话并非格调低下的哗众取宠，表达时要恰到好处。多用则令人生厌，近于油滑。因为幽默风趣的目的是"激活"信息输出机制，调剂人际关系，绝不是不顾场合的挖苦和嘲弄。高明的风趣和幽默是以不损害别人为前提的。

趣说自己，是把自己看作是幽默对象，风趣地介绍自己的缺点、优点、特有的经历和思想感情等。说自己的缺点是一种自嘲，但这不是自轻自贱，而是一种豁达开朗和返璞归真的人性美的体现。有时趣说自己也是一种高妙的应变技巧。

1860年，美国大富翁道格拉斯作为民主党总统候选人，公开羞辱共和党总统候选人林肯，他说："我要让林肯这个乡下佬闻闻我们贵族的气味！"后来，林肯这个没有专车、乘车自己打票或乘朋友提供的耕田用的马拉车的总统候选人，在发表竞选演说时这样介绍自己："有人写信，问我有多少财产。我有一个妻子和三个儿子，都是无价之宝。此外，还租有一个办公室，室内有办公桌一张、椅子三把，墙角还有一个大书架，架上的书值得每人一读。我本人，既穷又瘦，脸蛋很长，不会发福。我实在没有什么可依靠的，唯一可依靠的就是你们。"

趣说自己，可以说自己成长过程中的趣事，也可以用谐趣方式介绍自己的性格、脾气、爱好，说说自己的缺点，说说这些给自己带来的好处或值得汲取的教训，还可以说说自己一段有惊无险的经历。

敢于自嘲，巧化尴尬

如果你有趣味的思想，轻松地面对自己，你便会发现自己可以原原本本地接受自己的身高、体重或其他身体特征；你也会发现幽默能帮你以新的眼光去看你对经济的忧虑。也许你无法得到真诚的爱，但是你能使你的人际关系和谐、充满温暖——与人分享笑，甚至和仅仅有一面之缘的人也会有很好的关系。

自嘲是自己对自己幽默，是消除自己在沟通中胆怯的良方。

自嘲是运用戏谑的语言，向别人暴露自身的缺点、缺陷与不幸，说得俗一些，就是把脸上的灰指给对方看。

俗话说得好，"醉翁之意不在酒"。自嘲同样是这个道理，它有着独到的表达功能以及实用价值。

1.超越畏怯心理

第一次与人接触时，怯场是不可避免的。如果是对自己的失常耿耿于怀，那只能增加自己的紧张。为了不使自己陷于失败之中，你应该超然一些，以客观的态度，自嘲娱人。当你对别人自我解嘲地说："我这个人一怯场啊，手就像酒精中毒一样抖个不停。"你说完后，手可能就不再颤抖了。因为，紧张已经随你的自嘲解除了。

有这样一个相亲场合，富有幽默感的男子为了解除两人同时开口的尴尬场面，对女方说："我们真有默契啊！"一语逗笑了女方，就连女方家长也忍俊不禁，气氛随即轻松融洽起来，可见幽默的重要性。

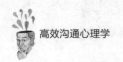

2. 超越沮丧心理

生活有时是相当艰苦的，有幽默感的人善于苦中作乐，用幽默作为艰苦生活的调味剂，鼓励自己克服困难，渡过难关。

巴勃罗·毕加索的绘画得到世人的公认，就在他有生之年，其所作的画已被收藏家们以高价收买。价格之高，令常人却步，连画家本人也买不起。

一天，一些好友来到毕加索家里做客时，他们发现墙上挂着的全是别人的作品，自己的倒一幅也没有。

"为什么，巴勃罗？"好友惊诧地问，"你不喜欢自己的画？"

"不，恰好相反。"毕加索风趣地说，"我非常喜欢自己的画，不过太贵了，我买不起。"

看来，毕加索不仅是名扬世界的绘画大师，而且还很有幽默感，"非常喜欢自己的画"，却因为太贵而买不起，毕加索的幽默中有几分无奈，夹杂几分酸楚，还有几分讽刺。

3. 超越烦恼

有人面对不幸，垂头丧气，叫天喊地，而我们下面的农夫，被人抓到狱中，也不忘让人帮他的"大忙"。

有一次，有些人找到一个农夫，对他说："听说你有一个小罐子，里面装的都是金子。"说完，就动手搜查起农夫的屋子。可是搜了半天，也没有搜到一点儿值钱的东西。于是，他们便把农夫抓走，关进了监狱。

一天，农夫在狱中收到妻子的一封来信，说是现在该种马铃薯了，但因家中缺少人手，农夫的妻子只好自己去翻地。农夫看完信，凝神思索了一阵，立即写了一封回信，叮嘱妻子千万别去翻地，因为地里有一罐金子。回信写好后，农夫把它交给监狱看守，照例由看守代为寄出。

两星期后，农夫又收到了妻子的一封来信，信中说："前几天家中出了件怪事，有十几个带锹的人，来到马铃薯地里，把马铃薯地全翻遍了，好像在找什么东西似的。"

丈夫看完信，知道是那些自作聪明的看守办的事，就笑嘻嘻地再写了封回信，告诉妻子，"既然有那么多人给我们翻了地，那你就可以种马铃薯了。"

面对事业的失败和人生的苦恼，幽默也能开阔我们的心胸，使我们在痛苦中获得欢乐。

4.超越尴尬

在现实生活中，难免会遇到尴尬的事情，如果能够来一次自嘲，方能把不快甩到脑后。而且这种超脱能让你摆脱狭隘的自尊心的束缚。

例如，一个小孩见到一个生人长着很大的鼻子，马上说："大鼻子！"假若这位生人没有幽默感，就会不高兴，而孩子的父母也会感到难为情。但他却幽默地说："就叫我大鼻子叔叔吧！"大家就一笑置之，解决了问题。

5.超越冲撞的心理

人与人之间难免会产生摩擦与矛盾，有幽默感的人能够用超越冲撞的心理去处理，大事化小小事化了。

长篇小说《围城》重版，《谈艺录》与《管锥篇》问世以后，钱锺书的名声日盛，求访者愈来愈多，但他不愿意接受访问。

有一天，有一个英国女人打电话给他，要求拜访，钱锺书在

电话里说："如果你吃了一个鸡蛋感觉很好，又何必认识那只下蛋的母鸡呢？"

在这里钱锺书自比"母鸡"，虽然是有意贬低自己，但却是在说英国女人没有必要来拜访他。

有一天，林肯在一次报纸编辑记者大会上演讲，指出自己不是编辑，因此出席这次会议是不符合身份的。为了讲明他最好不出席此次会议的理由，他给听众讲了一个小故事：

"有一天，我在森林中碰到一个骑马的妇女。我停下来让路，但是她也停了下来，死死地盯着我的脸孔看。

"妇女说：'我相信你是我看到过的最丑陋的人。'

"我回答说：'你或许说对了，但是我也没有办法呀！'

"妇女说：'你生下来就这个样子是无法改变的，但是你却能待在家里不出来呀！'"

听众们为林肯幽默的自嘲哑然失笑。林肯表面是在"丑化"自己，事实是在说明他不想出席编辑大会的理由。

别人有事求你帮忙，你想拒绝，明言回绝，会使人难堪；运用自嘲法，委婉地回绝，不仅表达了你的意图，还让对方乐于接受，岂不快哉？

沟通中的趣味思考法

有时候，我们确实需要以有趣并有效的方式来进行沟通，以表达人情味，给人们提供某种关怀、情感和温暖。

有位大法官，他寓所隔壁有个音乐迷，常常把电唱机的音量放大到使人难以忍受的程度。这位法官常常无法休息，忍无可忍的情况下，便拿着一把斧头，来到邻居门口。他说："我来修修你的电唱机。"音乐迷吓了一跳，急忙表示抱歉。法官说："该抱歉的是我，你可别到法庭去告我，瞧，我把凶器都带来了。"说完两人像朋友一样笑开了。

这位法官并不是想把邻居的电唱机砸坏。他只是运用了一下趣味思考法，恰当地表达了对邻居的不满——请注意：是对音乐而不是对人——他的行为似乎是对音乐迷说："我们是朋友，我希望和你好好相处，至于唱机是唱机，可以修理一下。"当然，所谓"修理"只是把唱机的声音开低些罢了。

某大公司的董事长和财税局长有矛盾，双方很难心平气和地坐在一起，可是又必须把他们都请来，参加一个重要的会议。他们迫不得已来了，但是双方都视而不见，犹如两个盲人。这时会议主持人抓住他们的矛盾，进行了一瞬间的趣味思考。他向人们介绍这位董事长时说："下一位演讲的先生不用我介绍，但是他的确需要一个好的税务律师。"听众爆发出一阵大笑。董事长和财税局长也都笑了。

这就是趣味思考法——不要正面揭示或回答问题，而是用愉悦的、迂回的方式揭示或回答问题，从而避免了生硬感觉所产生的无趣、乏味。

著名足球教练罗克尼，也是个善于进行趣味思考的人。有一次球赛，罗克尼的诺特丹足球队在上半场输给威斯康星队7分。可

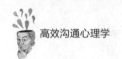

是他在休息室中一直与队员们开玩笑，直到要上场进行下半场比赛时，他才大喊："听着！"队员们惊慌失措地望着他，以为他要把每一个人都大骂一通，但是罗尼克接下去说："好吧。小姐们，走吧。"

没有责备，没有放马后炮，也没有指手画脚强调下半场如何踢球。罗克尼的乐观、豁达，使队员们克服了心理上的障碍，帮助他们忘掉了艰难的处境。他的球队在下半场创造了奇迹，踢出了一连串漂亮的、近乎幽默的球。后来罗克尼对采访他的人说："不是我赢了。而是我的趣味思考法赢了。因为我知道我们精神上赢了，那么球也就赢了。"幽默处理使他赢得了沟通以及比赛。

在沟通中自我辩解常显得无趣，它会让你觉得反而不是那么回事。但是，你如果运用趣味思考法，给人的感觉可能就不大相同。

幽默作家班奇利，在一篇文章中谦虚地谈到他花了15年时间才发现自己没有写作的才能。结果一位读者来信对他说："你现在改行还来得及。"班奇利回信说："亲爱的，来不及了。我已无法放弃写作了，因为我太有名了。"

这封信后来被刊登在报纸上，人们为之笑了很长时间，事实上正是班奇利的幽默使其作品闻名遐迩。

在上述事件中，班奇利并没有指责那位缺乏幽默感的读者，他以令人愉悦的、迂回的方式回答了问题，既保护了读者可爱的自尊心，也保护了自己的荣誉，并且没有使这个自我辩护成为乏味的争吵。

谐胜于庄的个人场合

生活中处处存在着幽默，关键是你能发现它，并且用幽默的语言来解释它，那样你的生活就会越加充满趣味。特别是在以下一些场合中，板着面孔的应对绝对没有幽默的语言令人叹赏。看看幽默都是怎样剿灭乏味、无趣，创造成功沟通的吧。

1. 避免窘迫无趣

在一次会议中，卓别林一直在用手拍围绕着他头部飞来飞去的苍蝇。后来，他找到一把苍蝇拍，拍了几次，都没有拍着。最后，一只苍蝇停留在他的面前，卓别林拿起拍子，准备狠狠地一击。突然，他不拍了，眼睛盯住那只苍蝇。

有人问他："你为什么不打死这只苍蝇呀？"

他耸耸肩膀说："它不是刚才侵犯我的那只苍蝇！"

满座哄堂大笑。

幽默大师终归是大师，一只令人厌恶的苍蝇，在卓别林的嘴里，都成了令人喷饭的笑料，实在是令人敬佩。

2. 避免直白无趣

全心全力将精神集中在工作上的爱迪生，每天都在实验室中忙碌，很少注意到生活上的琐事。就在他母亲去世两年后，朋友们见他的生活实在是太贫乏无味了，除了工作还是工作，于是就提醒他该给家里找个女主人了。

爱迪生将这句话记在脑袋里，其实他并非没有意中人，助理玛丽不但聪明、勤劳，而且人也长得很漂亮，个性又很温柔，并且善解人意。可是，因为是工作上的伙伴，接触太频繁了，他反而不知该怎么表达。

有一天，爱迪生的心情似乎很好，在实验室里和同事们有

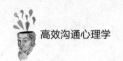

说有笑，他忽然对玛丽说："我要娶你！"

玛丽听了，以为他又在开玩笑，于是回答："哦！那当然好啊！"

玛丽说完了根本就没当回事，谁知爱迪生第二天就带来了戒指套在玛丽的手上。玛丽惊呆了，没有想到爱迪生是认真的。她思考了一下，觉得其实自己对爱迪生也是有爱意的，只是他从不表达，也无可奈何。于是，玛丽接受了爱迪生的求婚，两个星期之后，两人就步入礼堂了。

现在我们来看看这位大科学家是如何表达他的喜悦之情的。

在婚礼的宴会上，爱迪生对朋友说："这次的实验完全没有准备，虽然违反了实验程序，但竟然成功了！"

如果他把求婚史一招一式地解说出来，朋友会听得很肉麻。即使给他几分钟的掌声、无数的祝福语，也会暗自心想："这个大傻瓜！"当然，事实却如此幽默有趣，让大家避免了一场乏味沟通的劫难。

3.避免失礼无趣

一位农民耕作在一块河水业已干涸的小河谷。这片荒地覆盖着石块，杂草丛生，到处坑坑洼洼。他每天去那里辛勤耕耘，不断劳作，最后荒地变成了花园。为此他深感骄傲和幸福。一个星期日的早晨，他操劳一番后，前去邀请部长先生，问他是否乐意看看他的花园。"好吧。"部长爽快地答应了。

部长视察时看到瓜果累累，就说："呀！上帝肯定为这片土地祝福了！"

看到玉米丰收，部长又说："哎呀！上帝确实为这些玉米祝福过。"

最后，部长感慨万千地说："天哪！上帝和你在这块土地上竟取得了这么大的成绩呀！"

这位农民禁不住笑说："尊敬的先生，我真希望你能看到过上帝独自管理这片土地时，这里是什么模样。"

这位农民颇为有礼、有节，坦言部长先生的认识肤浅，虽然有冒犯威仪之嫌，但经过他一幽默，事情就会出现另一番境况。

4. 避免沮丧无趣

巴基斯坦著名主持人穆哈米主持过一场晚会，这场晚会并没有其他节目，只是穆哈米和协助他主持晚会的几个文艺界著名人士在台上进行幽默机智的问答，而台下的观众始终兴致盎然，笑声、喝彩声不断，气氛十分热烈。下面是穆哈米与著名影星雷利的一段对答。

鬓发斑白的影坛老将雷利拄着拐杖步履蹒跚地走上台来，很艰难地在台上就座。看到这样一个老人，让人很自然地为他的身体担心。所以穆哈米开口问道："你还经常去看医生？"

"是的，常去看。"

"为什么？"

"因为病人必须常去看医生，这样医生才能活下去。"

此时台下爆发出热烈的掌声，人们为老人的乐观精神和机智语言喝彩。

穆哈米接着问："你常去医药店买药吗？"

"是的，常去。这是因为药店老板也得活下去。"

台下又一阵掌声。

"你常吃药吗？"

"不。我常把药扔掉，因为我也要活下去。"

穆哈米转而问另一个问题："嫂子最近好吗？"

"啊，还是那一个，没换。"

台下大笑。

主持人与演员的对答几乎句句"带彩"，在这样热烈活泼的气氛中，观众是不会疲倦的。最难得是，这位老人没有一句抱怨唠叨的话，这种年轻的心态、乐观的精神令人仰慕、赞叹和感动。试想，如果是一个面容憔悴、表情沮丧的雷利出现在

台上，向大伙大谈他近期服用的药的名称、效果，周身哪个骨节酸痛，那将会是多么失败的沟通。

5.避免紧张无趣

为人师表者、为人领导者，只要你处于一种主导地位，就有责任让大家放松和感到沟通的乐趣。

大学生对他的导师说："我常梦想我已经当上了教授。请问老师，我要怎样做，才能使梦想变成事实？""少睡觉。"这位老师的回答就是一个双关语。既有"少梦想，多干实事"的意思，又有从字面上回答"使梦想变成事实"只有少睡觉的意思。本来学生已经困惑不堪，又心生悔意，哪能够再横加批判？那岂不是将学生开放的心态杀得荡然无存。这位老师不仅是学问之师，还是位沟通师。

把握分寸，适度玩笑

人际交往中，开个得体的玩笑，可以松弛神经，活跃气氛，创造出一个适于交际的轻松愉快的氛围，因而诙谐的人常能受到人们的欢迎与喜爱。但是，玩笑开得不好，则会适得其反，伤害感情，因此开玩笑要掌握好分寸。

1.要区别对象

同样一个玩笑，能对甲开，不一定能对乙开。人的身份、性格、心情不同，对玩笑的承受能力也不同。

一般来说，后辈不宜同前辈开玩笑；下级不宜同上级开玩笑；男性不宜同女性开玩笑。在同辈人之间开玩笑，则要掌握对方的性格特征与情绪。

对方性格外向，能宽容忍耐，玩笑稍微过火也能得到谅解；对方性格内向，喜欢琢磨言外之意，开玩笑就应慎重。对方尽管生性开朗，但如果恰好碰上不愉快或伤心事，就不能随便与之开玩笑。相反，对方性格内向，但正好喜事临门，此时与他开个玩笑，效果会极其好。

2. 讲究内容的高雅

笑话的内容取决于开玩笑者的思想情趣与文化修养。内容健康、格调高雅的笑料，不仅给对方以启迪和精神的享受，也是对自己美好形象的有力塑造。钢琴家波奇有一次演奏时，发现全场有一半座位空着，他对听众说："朋友们，我发现这个城市的人们都很有钱，我看到你们每个人都买了两三个座位的票。"于是这半屋子的听众放声大笑，新奇、无伤大雅的玩笑话使他反败为胜。

3. 要有与人为善的态度

与人为善，是开玩笑的一个原则。开玩笑的过程，是感情互相交流传递的过程，如果借着开玩笑对别人冷嘲热讽，发泄内心厌恶、不满的感情，那么除非是傻瓜才识不破。也许有些人不如你口齿伶俐，使你表面上占到上风，但别人会认为你不能尊重他人，从而不愿与你交往。

4. 场合要分清

美国前总统里根一次在国会开会前，为了试试麦克风是否好使，张口便说："先生们请注意，5分钟之后，我对苏联进行轰炸。"一语既出，众人哗然。里根在错误的场合、时间里，开了一个极为荒唐的玩笑，为此，苏联政府提出了强烈抗议。总的来说，在庄重严肃的场合不宜开玩笑。

突发事件幽默应对

在我们的沟通中，常常遇到一些意想不到的事情，如何应

对，方式多种多样，幽默就是其中一种，利用幽默应对沟通中的突发事件，经常能收到奇妙的功效。

顾维均担任美国公使的时候，有一天参加各国使节团的国际舞会。和他共舞的美国小姐忽然问："请问，您喜欢中国小姐，还是美国小姐？"

这个问题很难回答，如果说喜欢中国小姐，就得罪了共舞的美国小姐；如果说喜欢美国小姐，那又是违心之论，并且有贬低中国小姐的嫌疑。顾维均笑着说："不管是中国小姐还是美国小姐，只要是喜欢我的人，我都喜欢。"

顾维均所运用的是模糊语言，并未明确回答喜欢中国小姐还是喜欢美国小姐，这样不仅没有说假话，还能避免出现尴尬的局面。

说话直言不讳是许多人所推崇的，但是生活中，并非处处都能直说，有时非得含蓄、委婉一些，才能使表达效果更佳。直道跑好马，曲径可通幽。各有各的妙处。

交往中，要理解人们的合理需要，爱护人的自尊心，只有这样才能把话说到别人心坎里去。如果不能根据交际对象的心理，选择恰当的语言形式，话一出口先挫伤他人的自尊心，必然会引起对方的不快，甚至争吵。

像下面这种情况，幽默的沟通，不仅避免了尴尬，还颇有些乐趣。

第二次世界大战期间，英国首相丘吉尔来到华盛顿会见美国总统罗斯福，要求美国共同抗击法西斯德国，并给予英国物资援助。丘吉尔被安排住进白宫。这天早上，丘吉尔正躺在浴盆里，抽着他那特大号的雪茄烟。门突然开了，进来的是罗斯福。而此时的丘吉尔大腹便便，肚皮露出水面……如此见面，着实尴尬。丘吉尔把烟头一扔，说："总统先生，我这个英国首相在您面前可真是开诚布公，一点隐瞒也没有！"说完后，两个人哈哈大笑起来。

当别人准备伤害你，用恶毒的语言对你说话时，你要不动声色，佯作没听懂他的意思，反给对方一种莫名其妙的回答，这样，对方打算伤害你的企图也就告吹了。

英国前首相威尔逊在一次竞选演讲中，遭到一个捣乱分子的挑衅。演讲正在进行，捣乱分子突然高声喊叫："狗屁！垃圾！臭大粪！"这个人的意思很明显，是骂威尔逊的演讲臭不可闻，不值得一听。但是威尔逊不理会他的本意，只是报以容忍的一笑，安慰他说："这位先生，我马上就要谈到你提出的环境脏乱差问题了。"随后，听众中爆发出掌声笑声，为威尔逊的机智幽默喝彩。

别人的用语再恶毒，但你不动声色，并来个答非所问，他也就"英雄无用武之地"了。这样一来，垂头丧气的将是对方。

借用幽默摆脱窘境

在日常生活中，常有人由于不慎而使我们身处窘境，或是向我们提一些非分的请求，或是问一些我们不好回答或暂时不知道答案的问题。此时，我们如果直接表明"不满意""不可能"或"无可奉告""不知道"，往往会给彼此带来不快。如果我们想从窘境中脱身而出，不妨借用幽默的力量。

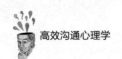

有一次，英国上院议员里德在一次演讲将近结束，听众都很认真地望着他，都在侧耳听着每一个字时，突然有一个人的椅子腿断了，跌倒在了地上。如果这时做演讲的不是像里德这样灵巧的人，恐怕当时的局面会对演讲产生一种破坏性的影响。但是聪明的里德马上说："各位现在一定可以相信，我提出的理由足以压倒别人。"就这样，他立刻就将听众的注意力重新转移到了他的演讲上，而那个跌倒的人也在别人善意的笑声中，找到了一个新座位。

这个故事给予我们的启迪是：恰到好处的幽默能够使双方都从窘迫的情形中脱身而出，里德就是依靠这一点化解了演讲中的尴尬局面。

如果我们面临不好回答的问题，而又不能以"无可奉告"进行简单的说明，不妨找一个大家都能领悟的笑话来说，转移对方的视线。

1972年，在美苏最高级会谈前的一次记者招待会上，有人向基辛格提出了一个所谓的"程序性问题"："到时，您是打算点点滴滴地宣布呢，还是倾盆大雨地、成批地发表协定呢？"

基辛格沉着地回答："你们看，他要我们在倾盆大雨和点点滴滴之间任选一个，无论我们怎么办，总是坏透了。"他略微停顿了一下，接着，一字一板地说："我们打算点点滴滴地发表成批声明。"在一片轻松的笑声之中，基辛格解答了这个棘手的问题。

生活离不开交流，交流必然会产生融洽与对立，一旦身处窘境，面对无礼要求或做不到的事情，就像站在悬崖上，前面是深渊后面是追兵。此时婉言拒绝或摆脱便成了我们必须精通的一种说话方式，而灵活的头脑和幽默的谈吐可以让我们突生翅膀，顺利飞跃到高处，摆脱进退维谷的境地。

出人意料，是幽默的最基本特质

现代社会是一个发展迅速、竞争激烈、优胜劣汰的社会，不少人有社交的强烈愿望，却喜欢把自己封闭起来。其实，与人交往我们也主张有颗幽默的"笑"心，要懂得给自己身边的人带去真诚的欢乐。如果我们互相戒备，见面只说"三分话"，这谈不上是正常的交往。正如谢觉哉同志在一首诗中写道："行经万里身犹健，历尽千艰胆未寒。可有尘瑕须拂拭，敞开心扉给人看。"幽默则是敞开心扉给人看的一把最有效的钥匙。

幽默的沟通之所以不同于一般的沟通，很大程度上体现在语言的技巧性上。它来自思维的奇巧，借助于特定的词汇、语气、表情甚至姿态。幽默语言功夫的练就主要是从幽默的创造性入手。幽默之所以能让他人印象深刻、大笑不止，就在于幽默的出乎意料于情理之中。也就是说幽默的人往往联想的跨度大，但又将话语说得巧妙、合理。

哲学家的妻子是一位脾气暴躁的女人。

有一天，哲学家正和他的学生谈论学术问题，他的妻子突然跑了进来，不由分说大骂了他一通，接着又提起装满水的水桶向他猛泼过来，把哲学家全身都弄湿了。

学生们以为老师一定会大怒，然而出乎意料，他只是笑了笑，风趣地说道：

"我知道打雷之后，一定会下雨了。"

大家听了，不禁哈哈大笑，他的妻子也惭愧地退了出去。

哲学家的幽默，首先就在于出乎人们意料之外，谁也想不到他会将妻子的大骂比作了雷声，而将妻子泼给自己的冷水比喻成了雨水，一句"我知道打雷之后，一定会下雨了"将尴尬的境况顿时扭转。学生们不会再去注意自己的老师有多丢脸，而是欣赏自己的老师居然拥有着如此大的气度。

哲学家的比喻，可谓出乎意料，却又实在是合乎情理、妙不可言，因而会使人们忍不住大笑起来。

出乎意料，是幽默的最基本的特质，它带给人们的往往是耳目一新的喜悦感。出乎意料的幽默语言是魅力的光环，是达观气质的表现，运用出乎意料来给他人增添快乐，是驰骋于社交场合的必胜法宝。

第九章

听言辨心，面试过程获好感

掌握面试中的应答要领

面试的主要内容是"问"和"答"，在面试中，面试官往往是千方百计地"设卡"，以提高考试的难度，挑选单位真正需要的人才，要应付这种局面，要回答得体，就要掌握应答中的基本要领。对于从不同角度，以不同形式提出的问题，只要掌握了回答要领，就能够临阵不慌，应付自如。

1. 知之为知之，不知为不知

在面试中，经常会遇到一些自己不熟悉、曾经熟悉但是现在忘了或者根本不懂的问题。面对这种情况，可以采用以下方法处理。

首先，要保持镇静，不要表现出手足无措、抓耳挠腮、面红耳赤。每个人都不是全才，面试官也不要求应试者无所不知，这既不必要，也不可能，所以应试者不必为自己的"无知"而烦恼，甚至感到无地自容。事情没有你想象的那么糟糕。

其次，不要不懂装懂，牵强附会，与其答得驴唇不对马嘴还不如坦白承认自己不知道。

最后，不能回避问题，默不作声。如果不回答问题会使面

试官有一种被轻视的感觉，因为回答面试官的问题是每个应试者必须要做到的，这是起码的礼貌，应该明确告诉面试官你的看法。没有把握的问题可以做简略回答或致歉不答，但绝不能置之不理。

2.确认提问的内容，切忌答非所问

面试中，面试官提出的问题过大，以至于不知从何答起，或对问题的意思不明白，是常有的事，但是在面对这种庄重的场合，想当然地回答对方所提出的问题，就有可能被视为无知，甚至是傲慢无礼。因此，对于不太明确的问题，一定要采取恰当的方式搞清楚，并请求面试官给予更加具体的提示。

3.冷静沉着，宠辱不惊

在面试官当中，也不乏刁钻古怪之人，他们可能故意挑衅，令人难堪。但你要明白这些"不怀好意"的提问，大多是作为一种"战术"而进行，在提问中让你不明真相，故意提出不礼貌和令人难堪的问题。其真实用意在于"重创"应试者，如果遇到这种问题，你若是反唇相讥，恶语相向，那就大错特错了。

比如，在压力面试中，一般是面试官有意在面试过程中逐步向应试者施加压力，以考察其能否适应工作中的压力。有的面试官故意提出特别尖锐的问题或者是提出有意让应试者感到左右为难的问题，由此考验应试者的应变能力。有的面试官故意提出一些令人气愤而又没有道理的问题，考验应试者是否立场坚定、有主见。因此在这种面试中，应试者应事先有心理准备，面对为难的问题，切勿表现出不满、怀疑、愤怒，要保持冷静，不要胡乱推测面试官的目的，应表现出理智、宽容和大度，保持风度和礼貌，和面试官讨论问题的核心，将计就计。

此外，在接到面试官所提问题之后，要尽可能全面细致地考虑问题，以防穷追不舍，同时注意不要自相矛盾，给人留下话柄。

4. 正确判断面试官的意图，对症下药

首先，要注意识破面试官的声东击西策略。当面试官觉察到你不太愿意回答问题而又想有所了解时，可能会采取声东击西的策略。例如，对于"政治问题"和其他一些敏感性的问题，许多人不愿如实表达自己的观点。面试官为了打消你的顾虑，可能会这样问："你周围的人对这个问题有些什么看法？"面对这种情况，你不要疏忽大意，不能信口开河，不要以为说的不是自己的意见，说出来就不会暴露自己观点。因为面试官往往认为，你所说的大部分都是你自己的观点。

另外，面试官可能采用投射法来测验你的真实想法。所谓投射法就是以己度人的思想方法，例如，面试官让你看一幅图画，然后让你根据图画编一个故事。这种方法一方面是检测你的想象力，一方面是测验你深层的心理意识。这时，你尽可以放开思维，大胆构思，最好能有一些新奇的想法，表明你有创造力、想象力，但同时一定不要忘记这样一个原则：所编造故事情节要健康、积极、向上，有建设意义。因为面试官会认为你是在"以己度人"，故事情节中融入了你的真实心理。

保持清醒头脑，冷静处理细节

或许你的专业知识非常棒，面试表现也令人赞许。但是最后你是否能如愿以偿被对方录取呢？答案是：不一定。有时，问题会出在一个并不起眼的细节上。所以，要想脱颖而出，就必须注意与面试官沟通时的一些细节问题，它会决定你应聘的成败。

某单位招聘总经理助理，经过严格挑选，有四位应聘者进入面试，面试由总经理亲自把关。应聘者进了总经理办公室，刚刚

坐下，就正好碰上"停电"，总经理于是笑着对应试者说："停电了，空调也关了，谁能说个笑话给大家解解闷。"先后有三个应试者不知其中有诈，均拿出自己的看家本事说出了自己认为最好笑的笑话，只有一位应试者没有按照总经理的话去做，而是拿起总经理办公室的电话找公司的电工，询问发生了什么事。结果这位应试者被录用了。

解决该解决的问题，放在平时，这是一个连小孩都明白的生活常识，但在现实工作中，不少人却偏偏将这个常识忘得一干二净。在一些单位，我们经常可以看到虽然机构健全，但很多应该解决的事情却无人过问，其中一个重要的原因就是员工不明白哪些是自己应该去解决的问题，结果一天从早忙到晚，该做的没有做，不该做的事情倒是做了一大堆。

譬如上述事例中，总经理助理对于总经理来说犹如左右手，称职者能使总经理如虎添翼，不称职者则是一个包袱。衡量一个助理是否称职有两个标准：一是看他是否知道哪些事情是自己应该去做的、哪些事情是自己不应该去做的，也就是说既不能越权，又能做好分内的工作；二是看他办事的能力和解决问题的能力。对于停电这个突发事件，应该解决的问题当然是尽快找到停电的原因，并尽快恢复供电。可惜的是一些应试者抓不到问题的实质，不能用正确的方式解决该解决的问题，这样的人招来又有什么用呢？

面对突发事件，不要被眼前的情景所迷惑，要果断地与有关人员进行沟通，迅速弄清发生了什么才是自己真正面临的问题。

大多数人将面试看作是雇主提问，自己回答，这是面试的一大误区。美国著名的猎头专家科达洛斯给应试者的忠告是："你应该把自己当作雇员，正在那里讨论一项新计划，而不应把自己看作是渴望获得录用的求职者，并因而表现得卑躬屈膝、唯唯诺诺。"

如果你真的是一位总经理助理，你当然该知道面对突发事情，自己应怎样做。因为你应明白：总经理花钱请助理，是用来做事的，而不是用来逗乐的。

对于总经理助理来说，处理停电事件有两种方式：第一，亲自去查找问题的原因。第二，向电工了解停电的原因，并根据问题的原因做出相应的处理。

显然，第一种方式有越位之嫌，因为查找停电的问题和修复电路应该是电工去做的。第二种方式才是总经理助理处理事件正确的方式。

所以，要想脱颖而出，就要保持清醒的头脑，认真、冷静地对待一些细节问题。

动机性问题引蛇出洞

面试的时候，招聘方选择的是适合于公司空缺职位的人选，这样的人不仅要业务优秀，为人踏实诚恳，更关键的，他的择业动机要和招聘方相契合。求职者的动机多种多样，有图利的，有图公司名的，有希望获得出国发展机会的，还有希望能解决户口的……面对这些复杂的动机，面试官如果把握不好，就很难看清求职者的真正意图，从而被蒙蔽。

马林是一家公司的面试官，他面试过的人不少于千人。这天，又有一个面试者来到他面前。

求职者："您好，我是来应聘工作的。"

马林点头微笑："你好，你为什么来应聘我们公司呢？"

求职者："因为贵公司是行业里的领军者，实力雄厚，是每个人都想试一试的舞台。"

马林："来我们公司就是为了这个？"

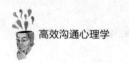

求职者："对，就是为了这个，我现在还是学习阶段，不图其他。"

马林："嗯，这不是你的第一份工作吧？"

求职者："不是，这是第二份了。"

马林："说说上份工作的情况，为什么辞职？"

求职者："那是个小公司，我在那里工作一年多，最后还是个普通职员，关键是那个公司的待遇非常不好。"

听了这个回答，马林微微一笑："你刚才不是说现在是学习阶段，不图其他的吗？"

求职者："呃……呃，我是说对贵公司是这样。贵公司的实力是有目共睹的，我来这儿的目的就是学习和提升的。"

马林："说一下你选择工作的标准是什么？"

求职者："这个嘛，其实我要求也不多。首先要有一个能施展自己才华的舞台，当我给公司带来收益的时候，也期待能得到相应的回报。"

马林："我明白了，你离开上个公司就是因为它没给你应得的回报是吧？"

求职者："算是吧，不过对贵公司我不会那样的，在这里我还是以学习为主的。"

马林："好了，面试先到这里吧，有消息会通知你的。"

最后，马林并没有录用那个人。他觉得对方太看重自己的个人利益，而且一开始就在撒谎，不诚实。

马林是个经验丰富的面试官，他知道只有有目的、有动机地进行沟通，才能问出求职者的真实想法，判断求职者是不是适合进入公司任职。

按照惯例，马林先问了对方来公司面试和辞去上份工作的原因。他想看出求职者找工作的动机是什么，是为了待遇、舞台还是发展空间？如果求职者前后给出的理由一致，马林就要看看本公司是不是能接受拥有这样想法的人；如果不一致，说明对方在撒谎，是不可信的，不能录取。

故事中的求职者属于后者，他声称应聘马林的公司是为了给自己一个舞台，是为了学习，并没有其他目的；但当他提到自己辞掉上份工作的原因时却说是对方待遇不好，前后矛盾。可见，求职者在故意隐瞒自己的真实动机。

这个求职者是个很在乎个人利益的人，但为了能进入马林的公司就故意说不在意这方面的需求。如果马林是个缺乏经验的面试官，很可能会信以为真，那么一旦将对方录取，不仅是自己的失职，也是对公司的不负责任。

故意掩藏动机的人，在应聘中比比皆是。这样的人，在被问到求职目的是什么时，总会说一些自己有这样那样的情结，能吃苦耐劳，可以接受各种挑战，他来到这就是接受挑战，与公司共同成长之类的话。很明显，这是他的套话，他总想使自己身上的闪光点与公司的某一方面相契合，让对方觉得，他是适合这个公司的。对于动机性问题，却只字不提。

遇到这样的求职者，面试官就可以直接问其工作动机是什么，并让其具体说明。否则，对方就会继续编下去，时间也会这样白白浪费。

假设提问看透人心

当一个职位有多个潜在的优秀竞争者时，面试官需要的不仅是一双火眼金睛，还需要用针对性强、迷惑性强、假设性强的问题考量应聘者。用未来工作中可能遇到的问题考验他们，更能够检验这个人的素质和能力。

李然是某公司的人力资源部经理，有一次面试中，他遇到了

一个有些棘手的问题，来的这两个人都是经过几轮面试后的佼佼者，各方面看起来都非常优异，但他们其中只能有一个留下来。想了半天，李然决定这样面试他们。

李然："两位都是经过几轮面试的人了，走到现在这一步非常不容易，今天我只想简单地问几个问题，权当交流一番。因为各位应聘的工作是审计，我有这样一个问题：假如你到总公司旗下的一家子公司去做审计，审计的结果是这家公司在某些方面存在问题，该公司领导面对这样的结果拒绝签字。但临来之前领导告诉你，只有对方签字，任务才算完成，面对这样的情况，你们会怎么办？"

听了李然的问题，甲："这个好办，用总公司领导去压他，那样他就会服软签字了。"

李然："如果这家公司的经理资历不一般，曾经做出过非常突出的业绩，总公司的领导对他也非常器重，面对这种状况，你又该怎么办？"

甲："那我就说'国有国法，家有家规'。他能耐再大还能大过公司？再说，有总公司领导给我撑腰还怕什么？"

李然："你是去工作的，还是去拿领导压人的？"

甲："我……"

李然看甲无话可说了，就让乙继续发言。

乙："我想的是，或许是我们自己的审计出了问题，不然人家为什么会平白无故地不签字呢？"

听了乙的话，李然点点头。

"如果真的如你所说，是你自己的审计出了问题，你打算怎么办？"

"如果真是我自己出了问题，那就马上纠正，给予该公司一个公正的结果。"

此时甲又插嘴道："其实现在很多人都是没事找事，我已经做过一轮严格的审计了，为什么还要听他摆布？他说不对就不对？真不把总公司放在眼里了？"

这话让李然和乙有些尴尬，但李然还是微笑着说："好，你们两个都很优秀，最终的结果会在三天内通知两位。"

还用通知吗？结果明眼人一看就知道了。

在上文的面试故事中，李然为了辨别两个应聘者中哪个更加优秀，采取了情景假设的提问法。他这么做的用意非常明显：同一个问题，不同的人给出的答案是不同的，根据不同的答案就能判断出对方是个怎样的人。

面对李然的问题，甲的回答是用领导压对方。说出这种话的人一般有这样的思维：如果他只是公司的一般员工，他的不满多是发发牢骚，背后说说别人的坏话，或是狐假虎威；一旦成为领导，就会盛气凌人，用自己的权势压迫别人，这种人不利于公司内部的团结。就文中的问题而言，甲原本料想可以用总公司的领导压对方的气势，不想李然又追问如果这位子公司经理很受总公司器重，不会受到打压怎么办？甲仍强调用总公司领导去压人，这样他以权压人的本性也就暴露无遗了。

而乙的回答则是从自身出发，从自己身上找问题。这样的人谦虚、认真，做事兢兢业业，不管业务精通与否，态度首先是正确的。态度端正，做事就会顺利很多，问题也更容易解决。

甲和乙虽是两个人，却可以看成心态的两个表现面，就像硬币的两面一样。好与坏，任用与淘汰，在假设性问题中一测便明了。面试人员熟练掌握了这种问话方法后，就不怕看不出应聘者的真心了。

穷根究底，马脚无处可藏

面试过程中，总有些人为了显示自己的与众不同，或者由

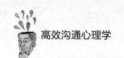

于对工作迫切的需求而在简历和过往经历上作假，他们这样做的目的就是为了使自己的经历更加丰富，比别人更加优秀，从而在千军万马过独木桥的求职过程中占得先机。因为他们事先经过了伪装，做了准备，面试的过程中就不易被发现。怎样才能让这些人现出自己的真面容呢？面试时不停地追问细节就是方法之一。

李刚正在面试一个应聘者，他感觉对方总体来说还是不错的，但总感觉哪方面不对。

李刚："我想听一下，在你做过的所有事中，哪件事是让你最引以为豪的？"

应聘者："最让我自豪的应该是在我高考前一个月，由于我不小心，导致手部骨折了，在复习最紧张的时刻住进了医院，就在别人觉得我没法考好的时候，我利用住院的那段时间拼命复习，终于在高考的时候考出了理想的成绩，走进了自己梦寐以求的大学。"

李刚："手骨折了还能写字？"

应聘者："是，我恢复得比较好。"

李刚："你哪个手骨折了？"

应聘者："左手。"

李刚："是全部骨折了吗？还是只是某个手指？"

应聘者："只是某个手指。"

李刚："哪个手指？"

应聘者："呃……我有些记不清了。"

李刚："记不清了？你不会看一下自己的手吗？"

应聘者："伤口恢复得挺好，不太好看。我记得好像是小拇指吧。"

李刚："小拇指？但是你的简历上写的是食指，是笔误？好吧，下一个问题，你大学学的是什么专业？"

应聘者："我学的是企业管理，所以我才来咱们公司面试，相对来说比较对口。"

李刚："还记得都有哪些课程吗？"

应聘者："这个呀？我刚才可能没说清楚，企业管理是辅修的，不是主专业。"

李刚："好，你的主专业是什么？都有哪些课程？"

听到这话，应聘者的脸色已经非常难看，或者非常尴尬了。他一直支支吾吾，说自己记不清了。李刚已经失去耐心了。

"好了，你不用再演戏了，高考前的受伤是假的是不是？是为了换取我们的同情，还是为了让我们因此对你刮目相看？大学的学历也有问题，专业课都搞不清，就想蒙混过关？你的面试结束了，再见！"

在本文的面试故事中，李刚作为面试官对每个问题都做到了刨根问底，紧扣细节，才使应聘者露出了马脚。

从骨折的是食指还是小拇指，到大学学的是什么专业，这些问题看似不重要，却有很强的内在逻辑。这种逻辑关联是：只要这是求职者亲身经历的事，他就能够说出事情的经过，包括细枝末节。如果不是他亲身经历而是随意编造的，即使事先准备得再充分，也难免有疏忽之处。这些地方就是面试官需要关注，能够通过问话问出真假的点。一旦露馅，应聘者想掩盖也掩盖不了了。

当求职者的破绽被李刚一一点出的时候，他的心理状态已经从最开始的胸有成竹转变为后来的忐忑不安和最后的心灰意冷了。

实际面试的时候，简历造假的人不在少数，他们往往会在自己的学历、工作经历、取得的荣誉等方面做手脚。诸如，英语专业八级，在学生会担任重要职务，有著名国企实习经验，

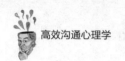

等等。面对这样的求职者，可以揪住类似细节穷追不舍，对方的马脚自会露出来。

两难问题里的权衡之计

在面试的具体过程中，可以适时地提一些两难问题让对方回答，通过他的回答判断其道德素养是否过硬，是否利欲熏心，一心为己而不为公司和他人考虑。

在面试的最后一关，应聘者的业务素质非常优秀，但面试官还是有些不放心：业务优秀不代表其他方面都优秀，他决定再考察一番。

面试官："我现在有一个问题：假如有一天你和上司拜访客户，会谈完毕后客户送给你们两张歌剧演出票，每张价值800元。你先是非常惊喜，后来想到公司规定不许收取客户价值700元以上的礼品，就想送回去，但是你的领导非常喜欢歌剧。面对这种情况，你是按照公司的规定将演出票送回给客户呢，还是遂了领导的意去看演出？"

应聘者："这个问题确实不好回答，是领导愿意看吗？"

面试官："对，是领导愿意看。"

应聘者："那我选择和领导一起去看。"

面试官："公司的规定怎么办？"

应聘者："我觉得做人得灵活，规矩也是人定的。再说了，既然领导愿意看，我为什么要跟他对着干？我不是自讨没趣吗？而且，那也是客户的心意，这样有来有往，也便于以后的合作嘛。"

面试官："你是这么想的？我再问你一个问题：如果那两张演出票换成两沓现金，你该怎么办？领导也喜欢钱，你会不会再遂他的意？"

应聘者："那肯定不会，收钱是违法的，我不会那么做的。"

面试官："如果领导跟你说，只要咱们都不说出去，就没人知道，而且他用命令的口吻让你收下钱，你做不做？"

应聘者："这……我一时还真不知道该怎样回答，可能要到实际情况中才能做出应对吧。"

面试官："好，你的面试就到这里，你可以回去等通知了。"

应聘者刚走出门，面试官就在他的简历上打了个叉号，他被淘汰了。

案例中的应聘者为什么会被淘汰？业务不精？能力不行？都不是。他是不能遵守公司的规定，没有原则性。一个在原则性问题上犯错误的人，没有哪家公司愿意接收。

面试官最初的问题含有两种可能性：收下票是合理的，因为领导爱看；不收票也是合理的，因为公司不允许。应聘者怎么选择，体现了他的价值观和做人原则，是好是坏，一听就明。

面对面试官提出的问题，应聘者最先说的不是自己的答案，而是确定领导是否真的爱看。他的这个回答反映出自己的思维在向领导倾斜，或者一开始就站在领导的一边。这种思维背后深层次的心理投影是：应聘者没有将公司的规定放在心上。他以后的回答也进一步印证了这种观点。他选择和领导一起去看，原因是领导喜欢。当被问到将公司的规章放在哪里时，他的回答竟有些不屑，说规矩是人定的，不要太死板。

这样的回答十分令人失望，不管他个人的业务素质如何优秀，这样的办事态度和个人理念都给面试官留下了极坏的印象。为了确认自己的判断，面试官又将演出票换成了钱，让对方选择，对方竟不知如何作答，不知如何回答就是默认或者默许。

一个人在面对公司利益和个人诱惑无法选择的时候，这个人的个人素质就是不合格的，面试遭到淘汰也是情理之中的事。

第十章

妙言破心，开启职场晋升路

一开口就让别人感到亲近

初入职场，面对陌生的同事，有些人胆子非常小，不敢主动向对方问好。其实，这并不是一件难事。你为何不抛弃自己胆怯的心理，大胆地跟他说："我一直想跟你说话，但是我很怕接近你。"此语单刀直入，会令对方无法拒绝你。这不仅让你能开始以下的谈话，而且还是种最有效率的沟通方式，省了一堆繁文缛节。

可以说，与陌生同事说的第一句话，说好说坏，关系重大。总的原则是：亲热、贴心、消除陌生感。常见的有三种方式。

1. 攀认式

赤壁之战中，鲁肃见诸葛亮的第一句话是："我，子瑜友也。"子瑜，就是诸葛亮的哥哥诸葛瑾，他是鲁肃的挚友，短短的一句话就定下了鲁肃跟诸葛亮之间的交情。

其实，任何两个人，只要彼此留意，就不难发现双方有着这样或那样的"亲""友"关系。例如：

"你是复旦大学毕业生，我曾在复旦进修过两年。说起来，我们还是校友呢！"

"您是体育界老前辈了，我爱人可是个体育迷，咱们也算得上是'近亲'啊！"

"你是湖南的，我是湖北的，两地近在咫尺。今天能在同一家公司共事，也算是有缘！"

2.敬慕式

对初次见面者表示敬重、仰慕，这是热情有礼的表现。用这种方式必须注意：要掌握分寸，恰到好处，不能乱吹捧，不要说"久闻大名，如雷贯耳"一类的过头话。

表示敬慕的内容应因时因地而异。例如："您的发明，我在报纸上见过，受益匪浅。想不到今天能和你在一个科室工作，以后还请多指导我啊！"

3.问候式

"您好"是向对方问候致意的常用语。如果能因对象、时间的不同而使用不同的问候语，效果则更好。

对德高望重的长者，宜说"×（姓）老好"，以示敬意；对年龄跟自己相仿者，称"老×（姓），您好"，显得亲切；对方是经理或主任等，要说"×（姓）经理，您好""×（姓）主任，您好"，有尊重意味；节日期间，说"节日好""新年好"，给人以祝贺节日之感；早晨说"您早""早上好"则比"您好"更得体。

掌握了这些方式，对你很快地融入新同事中大有帮助。

以心换心，以情换情

20世纪80年代的一个初春季节，几位诺贝尔奖获得者集聚巴黎。他们在一份会议宣言中写道："如果人类要在21世纪生存下去，必须回头到2500年前去吸取孔子的智慧。"

孔子究竟有何神通，可以让人类在21世纪生存下去？孔子反复阐述"仁"与"礼"。"仁"的内涵是爱人与修身正己，强调的是人格上道德的完善；"礼"指的是反映、体现出仁的行为准则，它强调名分与尊卑长幼。孔子的核心思想可以说就是一个"仁"字。"仁者爱人"，"仁"就意味着博爱，这是让人类生存下去的神通。

法国启蒙思想家强调：平等、自由、博爱。博爱不仅是一种社会伦理，更重要的，它还是一种让你人生更快乐的法宝。只有博爱的人，才能胸襟开阔，才能真正做到待人热情、友善，乐于助人，才能在人际交往中立于不败之地。所以，在与同事的沟通中，要做到"以心换心，以情换情"。

　　战国时，梁国与楚国相邻。

　　两国颇有敌意，在边境上各设界亭（哨所）。两边的亭卒在各自的地界里都种了西瓜。

　　梁国的亭卒勤劳，锄草浇水，使瓜秧长得很好；楚国的亭卒懒惰，不锄不浇，使瓜秧又瘦又弱，惨不忍睹。

　　人比人，气死人。

　　楚国的人觉得失了面子，在一天晚上，乘月黑风高，偷跑过去把梁国的瓜秧全都扯断。梁国的人第二天发现后，非常气愤，报告县令宋就说"我们要以牙还牙，也过去把他们的瓜秧扯断！"

　　宋就说："楚国的人这种行为当然不对。别人不对，我们再跟着学就更不对，那样未免太狭隘、太小气了。你们照我的吩咐去做，从今晚开始，每晚去给他们的瓜秧浇水，让他们的瓜秧也长得好。而且，这样做一定不要让他们知道。"梁国的人听后觉得有理，就照办了。

　　楚国的人发现自己瓜秧的长势一天比一天好起来，仔细观察，发现每天早上地都被人浇过，而且是梁国的人在夜里悄悄为他们浇的。

楚国的县令听到亭卒的报告后，感到十分惭愧又十分敬佩，于是上报楚王。楚王深感梁国人修睦边邻的诚心，特备重礼送梁王以示歉意。结果这一对敌国成了友好邻邦。

这就是以心换心的结果。在工作中同样如此，不要总是抱怨同事对你不好，因为你用什么样的心态对待别人，别人就用什么样的心态对待你。

相望不如激怒，问出企图

在职场中，对方是不是你的真朋友，可以从他跟你交往的过程中有没有企图心看出来。有些人在开始的时候对人冷漠，后来突然转变。面对这种状况，不能盲目欣喜，以为又获得了一个挚友。你首先要明白，对方为什么转变，是他真的觉得你是可以继续交往下去的人，还是发现了你身上值得利用的资源。如果是前者倒也无妨，如果是后者，就要小心，此种人不能称为真正的朋友。

小李到公司已经有一段时间了，大家关系都挺好的，唯独想到马刚的时候，小李心里就犯起嘀咕：他跟我到底是真的好呢还是装出来的？刚开始关系一般，为什么后来又好了呢？难道是因为自己的叔叔在公司做领导？想了半天他也没想明白。这天，他们俩又遇到了。

马刚："你好啊，小李，咱们又见面了。"

小李："是啊，挺好的。马哥啊，有句话我不知道该说还是不该说？"

马刚："说吧，有什么话不能说的。"

小李："那我就说了，你可别怪我。你这个人其实挺好的，但为什么我总觉得你对我忽冷忽热、虚虚实实的呢？"

马刚："你这句话什么意思？"

小李："我的意思很明确，你为什么不说真话呢？为什么老让人觉得你跟别人接触带有某种目的性呢？你是在利用什么吗？"

听了小李的这一连串问话，原本满是笑容的马刚，脸突然一下红了起来，有些不安也有些尴尬。

马刚："小李，说话得负责任啊，我可把你当真心朋友看，没有什么利用不利用的。"

小李："真心朋友？果真如此的话当然好。我听说你最近想调部门，你是不是也知道了我叔叔是公司领导，想利用一下，这才对我这么热情？"

马刚："哪有，哪有。"

小李突然加重了语气："你就是！不然为什么我刚来的时候你对我爱搭不理的，直到后来我叔叔在大家面前介绍我，你才殷切了很多。以为我看不出来吗？想骗我？这样的人是真朋友吗？"

此时的马刚已经无话可说，又不敢强硬反驳，只好强忍着尴尬，说了句"没有的事"就快步走了。

马刚不是小李的真朋友，他只是想利用小李的叔叔，把别人当工具。最开始小李是迷惑的，为了让自己真正看透马刚这个人，他就运用了故意激怒对方的问话法，专挑不愉快的问题去问，可谓刀刀刺中要害。

一般来说，如果一个人没有做某事而偏偏被认为做了某事，他会表现出委屈的表情和内心感受。但是故事中的马刚却没有这样的表现，他有的只是狡辩和理亏。当被人看穿心机，尤其这些心机不是光明正大的时候，他的心跳会加速，面部血液循环会加快，一如马刚的表情。由此，他的"狐狸尾巴"就露了出来：做朋友是假，利用人是真。如果小李没有运用故意提不快问题的方法刺激他，马刚可能会一直装下去，直到自己的事情办成。

生活中，总有些人打着和你交朋友的幌子接近你，实际是另有所图。这样的人或是薄情寡义的人，对人生最弥足珍贵的情感不甚重视，只在他需要的时候才向你靠近；或是势利小人，见利忘义，唯利是图，当你有利用价值的时候，才会加强与你的联系，一旦你失去价值，就会将你抛掷脑后；或是酒肉朋友，常常与你在酒桌上相聚，表面上能两肋插刀，仗义执言，实际上只在你给他好处时，才出现在你面前。

总之，都是可能对你忽冷忽热的人。遇到他们，可以直接不留情面地对其问话。只有这样，才能让对方说出实话，你也才能彻底地看清对方。

后发制人，避实就虚

没当经理之前，王刚和同部门小李是关系不错的朋友，但在王刚当上经理后，小李对他的态度就发生了一些改变，说话的时候常有"醋味"。

王刚由于业绩等各方面都比较优秀，很快就得到了提拔，成为所在部门的经理。刚开始他感到非常兴奋，毕竟做经理了是件好事。但渐渐地，他觉得对他热情的同事跟从前不一样了，跟他说话的时候总是话里有话。这天他又与部门的小李碰见了。

"哟，这不是王经理吗！今天没出去公干啊？"

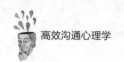

王刚一听就觉得不对劲，以前他跟小李非常要好，但他成为部门经理后，小李对他的态度就起了变化。具体原因他也知道，经理人选没确定前，小李也是候选者之一，只是由于某些方面比不上自己，才没当上。所以，他现在想尽量安抚一下对方。

"没有没有，小李啊，最近状态不错啊，那天市场部经理还夸你来着。怎么样，哪天给我们其他的同事传授传授经验，也教教大家？"

"王经理，有您在我哪敢啊！我还处于学习阶段。"

"小李啊，咱们两个以前就认识，你的水平我知道，要不哪天你给我单独传授一下，或者给我提提意见？有意见不能老憋在肚子里嘛，是吧？"

小李一听有些不好意思，知道王刚大概听出自己话里的那股"酸"劲儿了，连忙改口说：

"没有，没有，你一直挺好的，而且现在都是领导了，是我学习的榜样了。"

"真的是这样吗？如果没有意见，我就先走了？你也知道我很忙。"

"好，好，我下次再向您请教。"

在面对小李有些不对劲儿的话时，王刚并没有直接问他是不是因为经理的事才改变了对他的态度，说话的时候总是意有所指，避实就虚：最开始并不挑明这层关系，而是将精力放在夸奖小李的进步上，短时间麻痹对方神经，给他造成示弱的假象。等到对方非常享受这种状态的时候才话锋一转，问他对自己以及周围的同事有没有意见，有意见就提出来。这让小李意识到：即使意见再多，对方已经是经理了，对经理抱怨，尤其是针对经理本人的抱怨，后果会是怎样的呢？所以，听到王刚问自己有没有意见那句话，小李马上恭敬了起来，最开始的嫉妒和埋怨都不见了，他也终于搞清了自己的身份：我只是个职员。态度转变的过程，也是小李心理变化的过程。

王刚是个沉得住气的人，在同事对自己有不满的最初阶段没有爆发，而是循序渐进地用自己的话套住对方，后发制人。

在平时的工作中，如果你也遇到了类似王刚一样的麻烦，首先要做的是耐得住性子。如果对方真的是针对你，先尽量淡化这种不友好的气氛。随着谈话的深入，再用后发制人的办法制服他。

声东击西，问出真实目的

有时候，同事之间借钱是件麻烦事，借还是不借，完全在于对方是什么意图，也在于你能否看清他的心。

小李和小赵是一个公司的同事，因为不在同一部门，两人的关系并不紧密。但这一天，小李却向小赵借起了钱。

小李："哥们儿，有件事想麻烦你，不知行不行？"

小赵："有什么事就说吧，都是同事。"

小李："那好，我就说了。最近手头有点紧，你看能不能借我点钱？"

小赵一听是借钱，心里就仔细盘算了一下。借钱不是不可以，但平时两人并没有太多往来，也不是非常熟，突然说借钱有些奇怪，他要问清楚。

小赵："这事啊，都是同事嘛，什么事都好说。我记得你上个月是你们部门的最佳啊，奖金和工资都不少吧，怎么突然缺钱了？"

小李："哪有多少啊，没有多少。"

小赵："那是家里用钱，或者是有什么急事？"

听到小赵的问话，小李突然支支吾吾起来。他只是断断续续地说："是有急事，是有急事。"但具体是什么事并没说出来。

小赵觉得他借钱的目的可能不正，这时候，他突然想起自己曾听人说，小李这几天一直在和网上认识的女网友接触，每天都花销不少，这次借钱可能就是因为这个。如果真是因为这个，小赵就不想借钱给他了。不过，他并没有直说出来。

"嗯，有急事是得救急一下，不过有件事还没跟你说。我最近认识了几个网友，玩得挺好的，钱也是比较紧。你也知道，年轻人总是比较爱玩的，你说呢？"

"对啊，我最近就是这样，也是认识了个网友，钱花得厉害啊。"

小赵一听就明白了，他已决定不借钱给他。就在小赵想办法如何将此话说出口的时候，电话响了，他马上表现出电话那边的人有急事找他的样子。

"哎呀，真不巧，我有个朋友找我有急事，现在必须得过去。钱的事再往后拖几天，或者你再问问别人。实在是不巧啊。"

小李一听这话就连说"没事没事"，有些悻悻地走了。

小李和小赵本不熟，但小李却突然找小赵借钱，小赵问小李为什么借钱，小李也不直说，这里面就有问题了。一般来说，借钱的一方会将自己借钱的目的和用途说出来，以打消对方的疑虑，成功地借到钱。但故事里的小李对自己为什么借钱支支吾吾。为了搞清楚小李为什么借钱，小赵就绕着圈子探听他的底细。

小赵先是试探性地问是家里有事还是什么急事，小李只敷衍说是有急事。有急事却不直说，说明这事要么真的非常重要，要么对方是有意隐瞒什么。因为小赵听说了小李最近跟网友走得很近，所以小赵猜想可能是这个原因。小赵就故意假说自己最近也交了几个网友，玩得很凶，钱花得厉害，顺势就问出了小李对自己这种行为的看法。没想到对方果然中计，说出了借钱是为了跟网友在一起的实情。

小李之所以在最开始不说出自己借钱的真实原因，就是怕小赵知道自己因为网友的事借钱而拒绝，所以他一直隐瞒。但没想到小赵通过拐弯抹角的方式套出了他的真实目的，钱就肯定借不出来了。

职场中，每个人都可能遇到借钱的事。为了借到钱，有些人会将理由编造得千奇百怪。

（1）"哥们儿，我的钱套在股票里了，最近手头有些紧，能不能借我点儿？"

遇到这种借钱理由要非常小心，一是对方是不是真的因为股票而经济拮据无法确认；二是一次被套就有二次被套的可能，借出的钱有十足的把握要回来吗？

（2）"哥们儿，我是帮朋友问的，你现在经济宽裕吗？"

假借他人之名借钱。如果真是朋友需要救济，为什么他不提供帮助，反而向别人借呢？其中可能有不能直说的理由。

（3）"我们是不是朋友？"

有的人不直接说借钱的理由，而是询问对方和自己的关系，意在故意堵别人的嘴。遇到这样的人要尤其小心，因为借完钱后，他可能会用其他的借口搪塞你，拖延还钱或不还钱。

所以，当我们遇到同事向自己借钱的时候，切不可直接答应，而要耐下心来细细打探对方的真实目的。如果这位同事确实有燃眉之急，作为朋友，雪中送炭是应该的。如果此人不知自爱或者理财无方，就不必借钱给他。借与不借完全在于对方出于什么目的，看透了他的心，很多事就会好办许多。

晓之以理，动之以情

办公室领导、同事、下属三种关系中，同事间说"不"的机会更多一些。处理好这个"不"字，关系到是否有一个良好的人际环境。一般来说，说"不"有一定的技巧，但要对平时一直都在一起的同事说"不"还真有点儿难。不过，有的时候，同事的强硬要求是因为其暂时的头脑发热，只要采取合理方法给他点出来，他还是愿意接受的。

王子鸣、李强同在一家公司做事，两人关系密切，可以说是"死党"。李强的女友也在这家公司，两人恋爱一年多了，感情日增。

一天，李强阴沉着脸对王子鸣说："咱们算不算好朋友？"

"是呀！你怎么了？脸色这么难看。"王子鸣感到不妙。

"主任不是人，我要杀了他，你帮不帮我？"

王子鸣吓了一跳，连忙追问到底是怎么一回事。原来李强的女友被办公室主任欺侮了，血气方刚的李强咽不下这口气，但主任人高马大，他怕一个对付不了，便前来找王子鸣帮忙。王子鸣考虑到这时一口回绝他，两人的关系就完了，但想到李强是一时冲动，完全没有考虑后果，王子鸣便决定找个突破口说服他。

"你爱你女朋友吗？"王子鸣试探着问。

"当然爱啦！"李强没好气地答道。

"真的？我不觉得，我觉得你并不爱她。"

"什么？"李强气得快说不出话来。

"你根本不管她的痛苦。"

"不管她的痛苦我就不想杀人了。"李强吼道。

"笑话，你以为你杀人是为她吗？其实是为你，因为你觉得丢脸。你倒好，杀了人要么被枪毙，要么去坐牢，留下她一个人孤孤单单的，还被人欺侮。你说你这样还是爱她吗？"

李强说不出一句来。

"这样吧，"王子鸣趁热打铁，"到法院去告他，我一定全力帮你，法律一定会惩罚他的。"

李强终于冷静下来，听从了王子鸣的意见，用法律为女友讨回了公道。

王子鸣巧妙地利用李强深爱着女友，想为她报仇的心理，分析了他的行为可能产生的后果，使他明白求助法律是最好的办法，从而放弃了莽撞的打算。

聪明之人在拒绝别人时，总能让人欣然接受还不伤感情。

例子中的王子鸣就是这样的。李强因为自己的女朋友被主任欺侮了，一气之下就想让王子鸣帮自己杀了主任。通常情况下，人遇到类似的情况总是怒火难消、冲动、丧失理智，此时的李强就是不理智的。他总想着要杀了办公室主任，这样才能替女朋友讨回公道。他没想到的是，这样做的后果是什么：自己成为杀人犯，被枪毙；女朋友成了孤身一人，还有可能被人欺侮。

正是看透了这一点，王子鸣在面对怒气冲冲的李强时才没有跟他一起丧失理性，而是反问他爱不爱自己的女朋友。对于这个问题李强很是诧异，他的内心中有这样的独白：我这么做就是为了我的女朋友，要不然我为什么生这么大的气？这种心理正反映出他思维的不清醒，他已经被怒火冲昏了头脑，考虑不到后果的严重性。为了让李强认识到这一点，王子鸣指出李强想杀人只是为了泄愤，为了挽回面子，并质问李强，这样做是爱自己还是爱女朋友？这样的话让李强一时语塞，也意识到

了自己的错误。

其实，李强的反应可以理解，任何一个男人遇到这样的事都会震怒。此时人的思维已经不受理智控制，最珍爱的另一半受到伤害怎能保持冷静？正是因为不再冷静，当事者才会短暂性地丧失思考能力，做出蠢事。

所以，当处于这种状态的人让你替他办事时，切不可像他一样进入丧失理智的思维困境。你需要做的只是暂时性充当对方的大脑，替他思考，向他提出被忽略的问题。等对方冷静之后，他就会用正常的思维思考事情，问题也会渐渐得到解决。

温和开头好办事

当员工和老板提要求时，怎样沟通才能打动他的心？先来看下面一段对话：

小侯是一家化工公司的财务人员，整天坐在办公室与数字打交道，这与他所学的专业不合。小侯觉得挺没意思的，也不是他的兴趣所在，就想换个环境，发挥自己的特长。于是在一个上午，他瞄准老板一人在办公室没事干，敲门走了进去。

老板见他进来，知道他肯定是有事情，示意他坐下后，问道："小侯，有什么事吗？"

"经理，我有个小小的要求，不知道您是否会答应？"

"什么要求？说说看！"

"我……我想换个环境，想到外面跑跑，可以吗？"

"可你对业务不熟，你想跑什么呢？"经理面有难色。

"业务不熟我可以慢慢熟悉。如果经理能给我这个机会的话，我会好好珍惜，一定不会让您失望。"

听小侯这么一说，经理面色缓和了许多，问道："你具体想去哪个部门呢？"

"您认为我去公关部合不合适？"

经理皱了一下眉："你原来做财务工作，现在去跑公关……"

"经理，是这样的，我有些朋友在媒体工作，我通过他们的关系，可以为公司的宣传出一份力，这样，对公司不是更好吗？"

经理想了想说："那你先试试吧，小侯，我可是要见你的成绩啊。"

"谢谢经理给我这次机会，我一定好好干！"于是，小侯成功地调到了公关部，而且工作成绩还相当不错。

小侯是个聪明人，当他想调动部门的时候，没有直接向经理提出自己的要求，而是用请求和商量的口吻对其说出自己的诉求。

这样的沟通让对方备受尊敬，也能让他感受到对方的谦和和恭敬。更重要的是，这样的话让他觉得：对方是在和我商量一件事，而不是要求什么。有了这种心理，上司就更能够接受下属提出的建议。

当经理对小侯调换部门的想法提出质疑的时候，小侯说出了自己有朋友在媒体工作，对公司工作有利的情况。知道这样的情况，经理的内心起了变化，答应了小侯的请求。

试想一下，如果小侯没有说出有朋友在媒体工作这一有利条件，经理可能不会答应他的要求。可见，向老板询问相关情况的时候，要知道对方需要什么，适时地提出来，才能打动他。当然，这一过程中的态度非常重要。

在平时的工作中，如果想向上层提意见或要求，还可以运

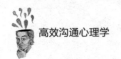

用这样的问话：

"老板，我有个想法，能跟您汇报一下吗？"

"经理，有时间吗？有件事想跟您商量一下可以吗？"

以温和的方式开头，接下来的事情会好办很多。

以"毒舌"回应猎奇心理

在情感世界里，女人有时更喜欢年龄大的成熟的男人。这样的男人更踏实，有更多安全感。很多男人就利用这一点欺骗女性的感情，嘴上说着对对方是真心的，实际是想找个乐子，寻个新鲜。女性如果看不透这一点，往往会受骗。

小欧是一家公司的文秘，天生丽质，身材高挑，追求者众多，但她说还想再享受一下一个人的自由和快乐，很多追求者就这样退了下来。不过，小欧的领导最近却频繁地找她谈话，谈的多半还不是工作，而是生活的问题。

"小欧啊，你知道吗？我平时很苦闷的，白天忙工作，晚上也没有人说话。累啊，苦闷啊，没人诉说。"

"王经理，您不是结婚了吗？"

"分居两地，感情也一般了。小欧，来公司多久了？"

经理边说边给自己点起了一支烟，两眼还不时地观察着小欧。

"半年多了。"

"你觉得我这个人怎么样？"

小欧渐渐觉察出了王经理的不对劲，话题好像越来越私密。

"挺好的啊，想必您太太也是这么认为的吧？"

"她？不说她，今天只说你。"

"王经理，你是不是对我有意思？"

王经理以为小欧也有这方面的心意，身体向前倾斜了一下。

"你说呢？"王经理的眼睛有些色眯眯。

小欧的声音突然大起来。

"王经理，请您放尊重点儿！我虽然是个小职员，但也有自己的尊严。有老婆还跟别的女人搞暧昧，你想让我当第三者？"

"没有，没有，我是真的喜欢你。"

"真喜欢我？那你敢搬出你太太买的房子吗？敢现在就给她打电话，说你现在有女人了要和她离婚吗？"

"这……这……"

"你不敢吧。背着你妻子在外边乱搞，你怕不怕我给她打电话，说你想和我有外遇？"

"啊……别，别。"

王经理脸色突然一变。

"小欧啊，刚才是跟你开玩笑的。我已经有妻子了怎么还会跟你做那种事呢？这件事别跟别人说啊，记住，是开玩笑啊。"

说完，他就悻悻地走了。几天之后，小欧递交了辞呈，离开了那家公司。

小欧是个精明的女人，一开始虽把握不准经理话里的意思，但通过故意试探和询问，使经理的真实意图暴露无遗：他想搞暧昧，找外遇。面对这种情况，女性通常有两种回应：一种是顺从，对方是领导，而且承诺会离婚，怎么不跟他呢？另一种就是反抗，用"毒舌"质问对方。小欧的回应就属于后者。

一个事业发展到一定阶段的男人，如果生活等各方面没有太大压力，有时就想在情感上寻找刺激。他们就想找一些新鲜点，排解一下情感的短暂寂寞。所以，这个时期的男人需要的女人只是短暂性的，他们希望做到收放自如：家里后院不着火，外边还能春风得意。这种想法就是故事里王经理的想法。

　　但是，小欧一连串的质疑让他的不轨想法破产：想拥有两个女人，又不负责任。花言巧语对小欧没用，她知道王经理太太对他的重要性，拆穿谎言也就不是件难事了。

　　在男人和女人的世界里，男人常有猎奇心理：得不到的永远是最好的。职场中，如果遇到这样的男人或老板，知道了他们这样的心思，就要学着用"毒舌"的方式回应，他们才会暴露自己的真心，令"潜规则"无的放矢。

第十一章

攻心有术，求人办事不费力

亲近之人也须"糖衣攻势"

无论求谁办事，即使是与自己关系亲密的人，或是有血缘关系的亲戚，也要懂得投桃报李，适时地送一些"糖衣炮弹"。

李凌今年27岁了，能力很强，做过几年生意，小发了一笔。但他不满足，总想做个大点儿的生意。刚好村里的鱼塘要对外承包，他有心把池塘承包下来，只是手头的资金不够。

他左思右想，想到了他的一个远房亲戚，是他母亲的表弟，按辈分应该叫老舅。老舅在县城开办了一家企业，经营得不错，是县城有名的"土财主"。可是，李凌想到自己与他关系疏远，好长时间没有走动了，贸然前去，显得突兀不说，事情肯定办不了。怎么办呢？他决定先把关系搞好，和这位老舅亲近起来。他打听到这几天老舅身体不太好，时常犯病，就看准时机，拎了一大包补品，来到老舅家。

"老舅啊，有些日子没来看您了，您老人家怎么病了啊？年纪大了，可要多注意身体，别太操劳了。今天给您带了些东西过来，补补身子，您不会嫌弃少吧？"

李凌非常热情地说着，把东西放到了老舅的桌子上。

俗话说"礼多人不怪"，虽说两家好长时间不走动了，但今天外甥拎了那么多的东西上门，而且是在自己生病的时候，这位老舅心里格外高兴："小子，你今天能过来，老舅我就别提多高兴了。今天中午咱俩喝两杯。"

于是李凌就留下与老舅一起吃了饭。

自此两家关系好了起来。以后李凌隔三岔五地看望老舅，不是问他身体怎么样，就是问他最近想吃什么，面面俱到。看到李凌这么关心自己，老舅也非常高兴，视李凌如亲生儿子一般。李凌一看时机成熟了，一天，他拎了两瓶酒到了老舅那里，两人喝了起来。

李凌说："老舅，上次我给你买的补品吃完了吗？吃完了的话我再给你买。"

"不用了，太破费了，还有好多没吃完呢。孩子，我看出来了，你对老舅不错，我是你长辈，往后有什么困难尽管和我开口。"

李凌一听，故作激动万分的样子，连忙把承包鱼塘的事情说了。

老舅听了之后说："好啊，有志气，有魄力，老舅大力支持……做人就应该干一番事业。想法很好，不过具体做时一定要慎重，年轻人千万不能急躁。"

李凌连忙点头称是，接着把资金短缺的事情也说了出来。最后，李凌顺利地从老舅手里借到了3万元，承包了鱼塘。

李凌想承包鱼塘，但是缺少足够的资金支持，就在不知如何是好的时候，他想到了自己的老舅。老舅家底殷实，可以在资金上给予支持。但李凌明白一个道理，即使是亲戚，求他办事的时候也要注意方法，不能想当然，也要懂得适时给予回报。

为了搞好和老舅的关系，李凌开始频繁出入老舅家。关心他的身体，关心他的方方面面，还给他买各种补品。在这个过程中，原本有些疏远的两家，关系也慢慢亲近起来，有了这些铺垫，李凌才开口求老舅办事。

李凌对老舅的关心不是虚情假意，只是一种求人办事的方式，即使亲戚之间也要给些好处。在现在的很多亲戚交往中，存在着一种误区，那就是：亲戚关系是一种血缘、亲情关系，彼此都是一家人，互相帮忙办事都是分内之事，都是应该的，没必要像其他人那样客套。其实，这种想法是不对的。血缘关系虽说是"打断了骨头连着筋"，但亲情的维护与保持也在于彼此之间的相互帮助与知恩图报上。

所以，在故事中，当李凌的老舅感觉到李凌这么关心自己，尤其是对他嘘寒问暖的时候，他的心里暖暖的。听到别人关心自己的生活起居，就会有一种感动从心底油然而生。有了这种感动，办事就会容易许多。

生活中，不管是亲戚还是其他有紧密关系的人，一旦有必要麻烦他为自己办事，一定要嘴甜一点，腿勤一点，多给对方一种被关心被呵护的感觉，他自然会给你提供帮助的。

借花献佛，醉翁之意不在酒

很多时候，邀请别人成功赴宴不是一件容易的事，尤其是让别人为自己办事的时候。这个时候我们该怎么做呢？

有一个年轻人，胸怀大志，他很想自己开一个小公司，资金却是大问题。他想到可以求同学的父亲帮忙，于是千方百计地从同学那里打听到其父喜食海鲜，便决定到附近一家海鲜馆宴请同

学的父亲。这位年轻人也从同学口中得知其父轻易不赴宴，就想了一个方法。

月末的一天，这位年轻人很早就给同学打电话得悉其父周末在家休息。于是他在上午10点钟左右来到同学家，当着同学父亲的面告诉同学自己投资的一个项目赚了一笔钱，要请同学吃海鲜，同时也大力邀请同学的父亲一起去。

"叔叔，我投资的一个项目赚了一笔钱，我们同学间想坐一起高兴高兴，您作为长辈就更不能缺席了不是？"

刚开始同学父亲有些犹豫，年轻人就对同学说："让你爸爸跟咱们一起去热闹热闹，也不算什么过分的事吧？"

同学听了这句话，笑着看着爸爸，他爸爸也笑笑说："好，好，那我也跟着凑凑热闹。"邀请之事就这样办妥了。

在酒桌上，年轻人向同学的父亲谈起了自己的生意，并说了自己眼前遇到的困难，希望对方能帮助自己。当时同学的父亲并没有答应，而是说回去考虑一下。一周之后，同学就告诉他，自己的父亲愿意帮他。

在上面的故事中，年轻人邀请同学的同时也将其父一同邀出。同学的父亲看见孩子跟同学的关系那么好，而这个同学又那么热情，一同赴宴也就没有什么不可以的了。

仔细分析，同学父亲之所以能答应年轻人的借款要求，还在于其心态的微妙变化。首先，同学父亲最开始并没有把年轻人看作是一个借款者，只看作是一个晚辈，也没有想到年轻人请自己吃饭带有某种目的。有了这种心态，他的心里就没有设防，也间接地促成了对方的借款之举。

借花献佛，醉翁之意不在酒。平时的生活中，我们也可以学着这种方法邀请别人。

反复催问，不给对方拖延之机

生活中求人办事的时候，遇到一时的阻碍在所难免，此时万不可气馁，像下面故事中的赵普一样一而再、再而三地锲而不舍，事情就总有办成的一天。

赵普是宋朝的大臣，他曾经做过太祖、太宗两朝皇帝的宰相，是个性格倔强的人。有一次，赵普向宋太祖推荐一位官吏："皇上，孟飞是一名难得的贤臣，他已为官多年，您是不是该考虑一下他晋职的事情了？"

因太祖平常不喜欢这个人，对赵普的话没有理睬。赵普没有灰心，他觉得自己是一心为公，并没有做错。第二天上朝，赵普又向太祖提起这件事，请太祖裁定，太祖还是没有答应。

赵普仍不死心，第三天又提出来："皇上，孟飞的事您考虑得如何？"

赵普三天接连三次反复地提，同僚都很吃惊。太祖这次动了气，当场将奏折撕碎扔在了地上。

令人吃惊的是，赵普默默地将撕碎的纸片一一拾起，回家仔细粘好。第四天上朝，赵普话也不说，只将粘好的奏折举过头顶立在太祖面前不动。

太祖真是无可奈何了："若我不同意，这次你会怎样？"

赵普面不改色："有过必罚，有功必赏，这是一条古训，谁都不能更改。皇帝怎么能因自己的好恶而无视这个原则呢？"

听了这话，太祖知道没法不答应他了，只好准许了赵普的奏请。

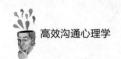

　　求人办事历来是件难事，尤其是面对"难啃的骨头"的时候。有些人之所以难以请动，肯定有某种原因。例如，故事里的宋太祖，赵普向他推荐的人正是他讨厌的，面对这样的人，他怎么能够轻易答应呢？但赵普又是个非常执着的人，不答应他，他就使出了反复催问这一招。

　　反复催问就是紧抓一个问题不放，没有获得满意的回答，就一直问下去。

　　在求太祖准许自己的奏请这件事上，赵普一共追问了四次。从第一次到最后一次，追问的程度越来越深。他之所以这样不放弃，是因为他知道不能给太祖一点拖延的机会，一拖延，事情成功的概率就会很小很小。而求人办事者必备的素质之一就是抗压，遇硬不怕，逢险不惊，能控制自己的情感，喜怒不形于色。

　　当然，赵普也摸清了太祖的心思。太祖之所以不答应自己，不是因为孟飞的能力不行，而是因为他不喜欢孟飞。因为个人的好恶而断送一个人才的前程，是赵普不希望看到的，这也是支持他不断追问下去的原动力。

　　赵普对太祖的四次追问完全是对事不对人的，没有丝毫的恶意，只是想给国家推荐一名良臣。太祖最后答应他，也是因为看懂了他这份心思。

他人之口问出的真言

　　有时求人办事不方便直说，就让第三方替自己说。借帆好远航，学会这点，求人之时就会少许多麻烦。

　　小张是刚上班不久的新人，这一天因为工作需要，他得向另一个部门的王主任询问某个项目的进展情况。小张想了半天也不知道怎么开口，自己毕竟是新人，直接问领导某事显得不恭敬，但是项目的事今天必须得问清楚，小张就只好硬着头皮问了起来。

"王主任，有件事想问您一下，您现在手头上的这个项目进展得怎么样了？"

一看是小张，王主任就一副爱理不理的样子，敷衍道："快了，快了，急什么？"

"不是我急，是公司急，所以能不能把项目的进度跟我说一下？"

小张一直在小心翼翼地催，王主任就是一副急慢的样子。就在不知如何是好的时候，小张想起了赵经理，就又跟王主任说道："王主任，可能我刚才没说清楚，是赵经理让我来问项目的事，他很急，您看能不能跟我说一下？"

一听是赵经理让问的，王主任马上不一样了。

"赵经理啊，好，好，我跟你说一下。其实也不是急慢你，只是我也很忙，你知道的。"

"行，那就麻烦王主任了。"

"不麻烦，不麻烦。"

刚刚进入职场的新人对每个人都会有一种新鲜感和陌生感，这个时期说话就要注意分寸。面对领导，尤其是求领导为自己办事时要特别注意。

例子中的小张是个工作不久的新人，他尚未打通各种关系的时候就遇到了一个有些棘手的问题：向一位领导询问项目的进展情况，即让他向自己"汇报"工作。按常理来说，项目进展得如何，是由领导问下属的，这种关系颠倒就给小张带来了麻烦。一五一十地问，有可能得罪领导，不问又完不成任务。

开始，小张硬着头皮去问，效果不佳，王主任根本不怎么理他。原因只有一个，他资历太浅，根本引不起对方的注意。当他假说是赵经理让他来问的时候，王主任就大变了模样，突然变得积极、配合了起来。赵经理是自己的上司，他哪敢怠慢呢？

在这个过程中，王主任有一个由不配合到配合的心理变化，变化的诱因就是小张搬出了赵经理这张大牌。"一物降一物"，如果不提赵经理，小张就不会很快得到对方的答复。

这里面有一个逻辑：当遇到一些确实难办的事情的时候，不如借他人之口，行自己之事。小张问王主任工作，是"颠倒"级别；赵经理问，则是顺理成章。王主任的心理变化也是源于这个原因。他可以不重视新人，却不能不尊重领导。

假借他人之名，虽然是假的，却不是欺骗，而是为了让问题尽快解决。

激将法里的心理攻防术

每个人都有不同的性格，不同性格的人说出的话也不尽相同。求人办事的时候尤其要注意这点。即使开始摸不透对方的秉性，也要在交流一段时间后仔细观察，抓住对方性格里的弱点，以语相激，办事就可能达到事半功倍的效果。

美国房地产商约翰逊打算盖一座写字楼，手里的资金不是非常充裕。想来想去，他决定先用已有的100万美元开工建设，剩余的300万找银行贷款。

100万美元很快就所剩无几了。一天，他正好和某著名银行的主管一起吃饭，约翰逊就说起了贷款的事。

"我之前已经和你们银行的高层领导谈过，他们说我的贷款没有问题，不知进展如何了？"

"领导还在考虑，毕竟300万不是个小数目。"

"我现在急着用钱，最好今天就能得到消息。"

"你在开玩笑吧，我们还有很多程序没进行呢。"

他边说边点起一支雪茄，用手指了一下桌子上的一摞纸，眼神里有种居高临下的感觉。

"这些需要填的申请表，你一张都没填啊。"

听了这话，约翰逊笑了笑："你不是贷款业务的主管吗？300万对你来说应该不是大数目吧？我只是想知道最新的进展而已，你连这点权力都没有？"

听了这话对方心头一震，他竟然说自己没有足够的权力。约翰逊看出了对方的变化，心中暗喜。

"如果你真没有这个权力，我也不难为你了，我还可以找别人是不是？"

"等等。"对方猛吸一口雪茄，"我去给你问问，你在这等着。"

过了一会儿，那个高傲的主管微笑着回来了。

"还是主管的权力大，我刚把你的事说出来，那人就说办得差不多了，三天之后就应该可以了。怎么样，这次你知道我的能耐了吧？"

"那是，我从来没有怀疑过这点。"

故事中的银行主管是个性格高傲的人，自以为坐在权力之位上就可以让所有人按照自己的程序办事，被人求时更是如此。房地产商约翰逊最开始也是好言相求，但效果不佳，之后就变相地说其权力并非想象中大，意思是高看了对方。

高傲的人最难忍受被人轻视，尤其是原本求自己的人。银

行主管内心发生变化的深层次原因是：他的自尊受到伤害，权力受到挑战。说他不行，他就偏证明给对方看，而这正是对方所期待的。

激将法是一种心理战术，是用刺激性的言语变相地鼓动对方做某事的技巧。求人办事的时候，如果遇到难缠、难以说话的人，就可以从尊严、名声、能力等各方面给予必要刺激，让其"短暂性发怒"，不自觉中顺着我们的意思办事，他可能还不知，而我们办事的目的早已经达到了。

投其所好，引发情感共鸣

人人都有被他人理解的欲望，若与被求之人有了情感共鸣，满足他"被人理解"的心情，就拉近了彼此的心灵距离，对方也就乐于帮忙了。所以，要达到求人办事的目的，就应该投其所好。只有投其所好，你的话才能在对方心中发生作用。

美国黑人出版家约翰逊曾经想招徕真尼斯无线电公司的广告，当时真尼斯公司的领导是麦克唐纳，他是一个精明能干的总经理。约翰逊写信给他，要求和他面谈真尼斯公司广告在黑人社区中的利害关系，麦克唐纳马上回信说："来函收悉，但不能与你见面，因为我不分管广告。"

约翰逊不能让麦克唐纳用那官腔式的回信来避开他，他拒绝投降。答案是再清楚不过的：麦克唐纳管的是政策，相信也包括广告政策。约翰逊再次给他写信，问他可否去见他，交谈一下关于在黑人社区所执行的广告政策。

"你真是个不达目的誓不罢休的年轻人，我将接见你。但是，如果你要谈在你的刊物上安排广告，我就立即中止接见。"

麦克唐纳回信说。

于是就出现一个新问题。他们该谈什么呢？

约翰逊翻阅美国名人录，发现麦克唐纳是一位探险家，在亨生和皮里准将到达北极探险之后的几年，他也去过北极。亨生是个黑人，曾经将他的经验写成书。

这是约翰逊急需的机会。他让在纽约的编辑去找亨生，求他在一本他的书上签上亲笔签名，好送给麦克唐纳。约翰逊还想起亨生的事迹是写故事的好题材，于是他就从尚未出版的7月份的《乌檀》月刊中抽掉一篇文章，以一篇简介亨生的文章代替它。

约翰逊刚步入麦克唐纳的办公室，麦克唐纳话就说："看见那边那双雪鞋没有？那是亨生给我的。我把他当作朋友。你熟悉他写的那本书吗？"

"熟悉。刚好我这儿有一本，他还特地在书上为你签了名。"

麦克唐纳翻阅那本书，接着，他带着挑衅的口吻说："你出版了一份黑人杂志。依我看，这份杂志上应该有一篇介绍像亨生这样人物的文章。"

约翰逊表示同意他的意见，并将一本7月份的杂志递给他。他翻阅那本杂志，并点头赞许。约翰逊告诉他说，他创办这份杂志就是为了弘扬像亨生那样克服重重困难而达到最高理想的人的成就。

"你知道，我看不出我们有什么理由不在这份杂志上刊登广告。"麦克唐纳说。

生活中，每个人都免不了和陌生人打交道。如果你能够通过仔细观察和揣摩发现此人的独特之处，就可以找到一些可以交流的话题。

著名相声演员马季到山东省烟台市演出，几家新闻单位的记

者纷纷前来采访，不料，马季先生一一婉言谢绝，这使记者们十分失望。这时，有一个爱好相声的记者再次叩响了马季的房门，说："马季先生，我是一个相声迷，我对如今的相声表演有一些自己的看法……"马季先生一听，便十分热情地接待了她。这位记者用她和对方对相声的爱好及共有的兴趣做文章，巧妙地打开了马季先生的"话匣子"，顺利完成了采访任务。

总而言之，迎合别人的心理，投其所好，引起他的感情共鸣，是说服他人的一个诀窍。这并不是单纯的溜须拍马，而是基于一种心理的认同感。试想一下，一个不喜欢你的人，怎么可能会答应你对他提出的要求呢？可以说，这种方法可以普遍应用于社会的各个领域，只要你想说服对方，首先一定要让对方对你这个人产生认同。

第十二章

开言夺心，社交场合学救场

打破冷场，转移注意力

冷场一般出现在双方对谈话缺乏内在动力、不感兴趣的情况下。另外，一些易引起冷场的原因还有：当人际吸引力不强或存在沟通的心理障碍时，当心境影响人际认知与情感交流时，当情境因素发生作用（如环境使人产生共同的压抑感或沉默情境感染旁人等）时，等等。

冷场是交谈即将失败的一个征兆，所以，谈话双方对可能出现的冷场，要有一定的预见，并采取措施加以预防。比如，举行座谈会，要精心挑选出席对象，既要考虑与会者的代表性，也要考虑与会者的可能发言率，以免坐而不谈。有时，甚至还可以预先排定座次，尽量不要让最可能出现冷场的几种人坐在一起，使说话少一点拘束。同时，还要将健谈者与寡言者适当地相互搭配。这样就可以借助组织手段，尽量避免出现冷场。

一名老记者去采访一位科学家，到了科学家那儿，老记者看到墙上挂着几张风景照，于是就谈起了构图、色调等等。原来这

位科学家爱好摄影，于是他兴致勃勃地拿出了他的相册与老记者交流起来，谈话气氛非常融洽。正是由于这种气氛，后面的正题采访进行得非常顺利。

实际上采访和托人办事差不多，记者的经验非常值得托人办事者借鉴。不希望出现冷场的交谈者（或主人、主持者），也应当事先做些准备，使自己有一点"库存话题"，以备不时之需。

有人说："交谈中要学会没话找话的本领。"所谓"找话"就是"找话题"。好话题的标准是：至少有一方熟悉，能谈；大家感兴趣，爱谈；有展开探讨的余地，好谈。

1. 中心开花

面对众多的陌生人，要选择众人关心的事件为话题，把话题对准大家的兴奋中心。这类话题是大家想谈、爱谈、又能谈的，人人有话，自然能说个不停了，从而引起更多人的议论和发言，导致"语花"飞溅。

2. 即兴引入

巧妙地借用彼时、彼地、彼人的某些材料，以此为题，借此引发交谈。有人善于借助对方的姓名、籍贯、年龄、服饰、居室，等等，即兴引出话题，常常能取得好的效果。"即兴引入"法的优点是灵活自然，就地取材，其关键是要思维敏捷，能做由此及彼的联想。

引发话题的方法很多，诸如"借事生题"法、"即景出题"法、"由情入题"法，等等。可以巧妙地从某事、某景、某种情感，引发一番议论。引发话题，类似"抽线头""插路标"，重点在引，目的在于导出对方的话茬儿。

起了冲突，及时"降温"

生活中，我们随处可以看见人际间的冲突，诸如家庭纠纷、亲戚朋友之间的纠纷、同事之间的纠纷、邻居之间的纠纷、陌生人之间的纠纷。如果不及时加以解决，无疑就会影响人们相互间的关系和社会的安定团结。

因此，掌握调解纠纷、化解矛盾的语言艺术有着十分重要的意义。要知道，"巧舌头"能解开"死疙瘩"。那么，我们该怎样给冲突现场"降温"呢？

1."冷处理"

在矛盾发生时，往往双方当事人的情绪都非常激动，作为第三方的你，可能就成了判定谁是谁非的裁决者。这时你千万不要火上浇油，立即处理矛盾，因为此时双方的情绪都比较激动，往往是无论你怎样处理，双方都会存在一定的不满情绪，甚至还会误会你偏袒着对方。所以，最好的处理方法是，你先向双方表示已经了解了大概情况，请双方都先回去稳定自己的情绪，让自己的头脑冷静一下，万万不可冲动行事；然后向双方当事人说明，稍后会去亲自找他们谈话，详细了解事情的原委。

在很多时候，双方当事人都是由于一时的冲动造成了冲突，在经过你的"降温"处理后，他们或多或少会有所悔悟；这时，你再采取安抚的手法，听取他们各自的理由及委屈，细细地了解他们的苦恼，做好各自的思想工作，矛盾也就会迎刃而解了。甚至有些冲突根本不需要解决，睡过一觉后，也许就什么问题都没有了。

2. 妙致歉，达成和解

有些矛盾或者纠纷的双方都有调解的愿望，但一时找不到台阶。这时，调解者可以巧妙地代一方向另一方致歉，从而使另一方感动而又主动向对方致歉。这样就可以有效地促成双方和解。

3. 找平衡

有些纠纷由于原因复杂，或者由来已久，因此调解人要具体情况具体分析，辩证地阐明事理，使双方产生认同感，达成共识，从而解决纠纷。

不失时机地打好圆场

打圆场是一种语言艺术，它的功能是：调解纠纷，避免尴尬，打破僵局。打圆场必须从善意的角度出发，以特定的话语去缓和紧张气氛，调节人际关系。

我们在沟通中，怎样才能不失时机地打好圆场呢？

1. 转移注意，换新话题

当尴尬或僵局出现时，有些人由于情绪上的冲动，往往会在一些问题上互不相让。在打圆场时，不妨换个新话题，转移他们的注意力。

这天，大名二中高二年级举行拔河比赛，43班的班长尤磊脱下衣服放在花坛上，但没过多长时间，其他同学也纷纷把自己的衣服一件一件地压了上去。尤磊回头一看，很是恼火，随手扯起一件衣服扔在地上："谁把衣服压在我的上面了？拿走，赶快拿走！"

"你怎么扔我的衣服？有话不能好好说吗？"衣服被扔的同

学吼道。气氛立马紧张起来。体育委员崔海刚看见了，赶紧过来打圆场："大家平时玩得挺好的，今天怎么了？别的班可都准备好了，正盼着咱们输呢！咱们可得齐心协力、团结一致呀！"

尤磊和那位同学这才意识到还有更重要的比赛等着大家，都不好意思了，抛开衣服的事情，认真去做赛前的准备工作了。

体育委员崔海刚打圆场时，先以"大家平时玩得挺好的"来缓解气氛，然后以一句"别的班可都准备好了，正盼着咱们输呢"岔开话题，转移了争吵双方的注意力，提醒大家在这个节骨眼上一定要齐心协力，从而化解了一场纠纷。

2.找个借口

有些人之所以在沟通活动中陷入窘境，常常是因为他们在特定的场合做出了不合时宜或不合情理的事，于是就进一步造成了整个局面的尴尬和难堪。在这种情形下，最行之有效的打圆场的方法，莫过于换一个角度或找一个借口。

有一次，著名演员新凤霞和丈夫吴祖光举办敬老晚宴，请了文艺界许多著名的前辈。90多岁的著名画家齐白石在看护的陪同下也前来参加，老人坐下后，就拉着新凤霞的手目不转睛地盯着她看。看护带着责备的口气对白石老人说："你总盯着别人看什么呀？"白石老人不高兴了，说："我这么大年纪了，为什么不能看她？她生得好看。"说完，老人家气得脸都红了，弄得大家都很尴尬。这时新凤霞笑着对白石老人说："您看吧，我是演员，不怕人看。"在场的人都笑了，场面气氛也缓和了下来。

在这里，新凤霞恰当地运用了打圆场的技巧，强调事件发生的合理性，以"自己是演员"为理由，证明白石老人看自己是正当而合理的，这样就顺利地摆脱了困境，也给对方找到了

行为的理由，交往活动也就能正常地进行。

3.善意曲解

在某些言语冲突的场合，想要调节人们之间的矛盾，不妨使用善意曲解双方语意的办法。

一次老同学聚会，大家见面分外亲热，聊得十分高兴。这时，一位男士对一位女士信口开河地说道："你当初可是主动追求我的，现在还想我吗？"按理说，在老友重逢的气氛中，这些话虽然有些不妥，但也无伤大雅。但这位女士竟然脸色一变，气呼呼地说："你神经病！谁会追求你这种心理龌龊的人。"她的声音很大，在场的人惊讶地看着她，都觉得很尴尬，场面一下子冷下来了，这时，另一位女士站了起来，笑着说："我们小妹的脾气还没变啊，她喜欢谁，就说谁是神经病，说得越厉害越让人受不了，就表明她越喜欢。小妹我说得对吧？"一番话，让大家都想起了大学时的美好生活，不由得七嘴八舌，互相开起玩笑来，一场风波也就平息了。

同学聚会，批评哪一个人都是不合适的，只能加剧矛盾的激化，破坏聚会的气氛。这时候行之有效的办法就是从善意的角度，对双方的语言做出"歪曲"的解释，故意把女士的话理解为是一种"喜欢"，引导大家一起回忆过去的好时光，在这样的气氛中，大家会很快忘记尴尬和不快，本来要形成的尴尬场面也就烟消云散了。

需要强调的是，善意的曲解并不是单纯的和稀泥、掏糨糊，而是弥补别人一时的疏忽，消解别人心中的误解和不快，保证人际沟通的正常进行，因而是一种很有效也很有必要的沟通手段。

言语出现失误时积极弥补

在人们的沟通过程中，无论谁，都免不了发生言语失误。那么，能不能采取一定的补救措施或者矫正之术，去避免言语失误带来的难堪局面呢？回答是肯定的。具体有以下几种技巧。

1.及时改口

一次，美国总统里根访问巴西，由于旅途疲乏，年岁又大，在欢迎宴会上，他脱口说道：

"女士们，先生们！今天，我为能访问玻利维亚而感到非常高兴。"

有人低声提醒他说溜了嘴，里根忙改口道："很抱歉，我们不久前访问过玻利维亚。"

尽管他并未去过玻利维亚，但当那些不明就里的人还来不及反应时，他的口误已经淹没在后来滔滔的大论之中了。这种将说错的地点时间加以掩饰的方法，在一定程度上避免了当面丢丑，不失为补救的有效手段。

在实践中，遇到这种情况下，有三个补救办法可供参考。

（1）移植法，就是把错话移植到他人头上。

（2）引申法，迅速将错误言辞引开，避免在错误中纠缠。

（3）改义法，巧改错误的意义。当意识到自己讲了错话时，干脆重复肯定，将错就错，然后巧妙地改变错话的含义，将明显的错误变成正确的说法。

2.顾左右而言他

某校某班在一次高考中，数学和外语成绩突出，名列前茅。校长在评功总结会上这样说："数学考得好，是老师教得

好；外语考得好，是学生基础好。"

在座教师听罢沸沸扬扬，都认为校长说法显得有失公正。一位教师起身反驳了校长的说法。校长没有恼怒，反而"嘿嘿"地笑起来，他说：

"大家都看到了吧，X老师能言善辩，真是好口才。很好，很好！言者无罪，言者无罪。"

尽管别人猜不透校长说这话的真实意思，然而却不得不佩服他的应变能力：他为自己铺了台阶，而且下得又快又好。听了上述回答后，无人再就此问题对校长跟踪追击。

既要撤退，就不宜做任何辩解，辩解无异于作茧自缚，结果无法摆脱。

3.坦率道歉

有一次，博拉在同同事谈话时称其上级是"机器人"，结果被上级知悉。于是，博拉给上级写了一张条子，约他抽空谈一谈，上级同意了。

"显而易见，我用的那个词绝无其他用意，我现在倍感悔恨。"博拉向上级解释说，"我之所以用'机器人'之类的字眼，只不过是想开个玩笑，我感到上级对我们有些疏远、麻木。因此，'机器人'三字只不过是描述我这种感情的一种简短方式。"

上级因博拉合情合理的解释和自我批评而深受感动，他甚至当即表态，说要努力善解人意，做个通情达理的人。

把问题讲清楚，通过这种方式，博拉帮助上级做到了平心静气，并顺利地解决了他们之间的感情危机。

诚然，推卸责任是我们找借口辩解的一种方式，然而，问题不在于我们要找借口辩解，而在于我们辩解时不能太直率、太尖锐。

理性对待冷言冷语

在生活中，不可避免地会听到伤人的冷言冷语，这种尖酸刻薄的话，常常令人感到难堪和不悦。说这类话的人的心态，或嫉妒或蔑视，但目的都是要让人难以忍受，刺伤他人的自尊，打击对方。听到冷言冷语的人往往气在心上，性格激烈的免不了反唇相讥，这正中对方下怀，会使对方更加中伤诽谤。双方免不了一番唇枪舌剑，闹得两败俱伤。

某大学外文系的女生宿舍，就发生过这类事件。一次，某寝室的甲女买了一件最流行的软领衫，她喜滋滋地在穿衣镜前试穿，她觉得这衣服美极了，同寝室的室友也纷纷称赞衣服漂亮。这时，乙女推门而入，"哟，好漂亮的衣服，可惜穿在你身上，没款没型，要是换了我，保证让衣服更加出色！""哼，马不知脸长，也不照照镜子看看自己的模样。""我穿什么都比你好看。""水桶腰。""瘦竹竿。"……两位女孩一言不合吵了起来，差点大打出手。

其实，听到冷言冷语就火冒三丈，失去冷静是极不明智的。这样会让自己动了肝火，随了他人的意，不但不能解决问题，反而伤了彼此的和气。要化解冷言冷语带来的伤害，有很多很好的方法，大可不必唇枪舌剑、干戈相向。如果再有人对你冷言冷语，不妨试试以下几种对策。

1. 探根究源，有的放矢

对你冷言冷语的人通常会有某种目的。你不妨先分析他话中的用意，找出言外之意，再针对重点做反击。某位语言专家

曾如此建议：把攻击的话拆开来，只回应无法证实的假设部分，这样可以使自己避免受伤害。

2. 正面出击，一语中的

勇敢面对他人的冷言冷语，也是很有效的方法。动之以情，晓之以理，达到化解冷言冷语的目的。正视对方的眼睛，问他知不知道自己说出这样的话，是让人很难受的。更进一步要他设身处地为你想想，假如同样的话是针对他而说的，他会做何感想。也可以严肃地请他解释自己话中的意思。对方一旦被你窥破了意图，自然会感到羞愧。

3. 冷漠待之，一笑置之

冷言冷语虽然尖酸刻薄，令人愤慨，但大多是些无聊的话，没有必要把它们放在心上。心胸宽广自然事事顺心。面对想看你笑话的人，不妨意味深长的一笑，或者可以借此自嘲一番。如果你的朋友对你说："看你戴什么鬼帽子呀，像个瓶盖似的。""耶！有时做做瓶子也蛮不赖的嘛。"这样的回答幽默而得体，对方听了也不得不报以一笑，反而会为自己的失礼而抱歉。

4. 心理预防，自我暗示

即使是亲人或最亲近的朋友，偶尔也会有冷言冷语相对的时候，虽然他们或是出于无心，或是出于爱护，但这种情况同样令人难堪。就算是我们自己也难免会有得罪人的地方。及早打心理预防针，增加心理免疫力，不妨想想，失败一百次，总有一次成功的机会；成功一百次，总有两次失败的厄运；就算是最好的朋友或最凶狠的敌人，也会因为说了轻率的话伤害你而后悔不已。

不要让冷言冷语成为你精神上的负担，不要让它阻碍你与他人之间的正常交往。举起你自信的盾牌，挡住冷言冷语的攻击吧。

如何巧妙地岔开话题

在与人谈话时，常常会遇到一些不便或不愿意谈论的话题，而对方又谈兴正浓。拒绝了，不礼貌；勉强谈下去，又感到很为难。最好的方法是在不知不觉中巧妙地把话题岔开，重新开始一个话题。这样既不会伤害到对方，又可以将自己从困窘中解脱出来。

常用的岔题方法有如下几种。

（1）一词多义。日常交谈用语中绝大多数的词是多义的，可以换一种词义避开不快的话题。

（2）相近概念。日常用语中很多词所表达的概念并没有明确的界限，带有一定的模糊性。利用这种模糊性，就可以把话题中某些概念转换为与它相近的另一个概念，将原来的话题岔开。

（3）同音异义。在现代汉语中，同音异义字很多，音同义不同或音相近而义不同，这在书面语言里不易混淆，但由于交谈是以声传义，不见字的形体，这就有了相当的含混性，利用这种含混性，就可以巧妙地把话题岔开。

（4）好奇心理。求新、好奇是人们普遍的心理要求。交谈中的话题至少有一方是感兴趣的，如果能再提出一个更新更有趣的话题，利用好奇心理，就可以把对方的谈兴吸引过来，自然地抛开原来的话题。一旦对方的注意力被吸引过来了，话题也就如你所愿地改变了。

（5）眼前景物。交谈是在特定的环境中进行的，凡能进入视觉、听觉范围内的一切，都能吸引谈话者的注意力，随时成

为交谈的话题。特别是当这些事物发生急剧变化时，在强烈的心理震动下，人们常常会下意识地中断谈话去关注正在发生的激变，这就为改变原来的话题提供了可以利用的机会和可供转换的新话题。

岔题方式还有很多，无论哪种都是利用注意指向、注意中心的转移。因此，在岔开话题时，不能不注意下述几点。

1.隐蔽

交谈中的岔题，如魔术师的魔术表演，总得借助一点遮掩的东西才好。一词多义、同音异义、相近概念、眼前景物、好奇心理等，都包含着隐蔽的因素，能模糊对方注意指向，分散对方注意力，使其自然而然、不知不觉地离开原话题，进入新的注意中心。

2.邻近

岔题以邻近为好，有一定范围限制。在邻近范围内选择新话题，使之成为注意中心的可能性很大，且更容易被对方接受。

3.及时

岔题要抓准时机，一般最好在一个话题刚刚提出，尚未展开时就机敏地选择岔口，把话题岔开。这是因为刚刚提出的话题，虽然成为注意中心，但相应区域的大脑皮层刚刚兴奋起来，未被强化，稳定性差，易被新的话题置换。

反之，话题一旦展开，注意中心已被强化，大脑皮质的兴奋区域处于优势状态，稳定性强，不易发生偏移，用新话题去置换原来的话题就困难了。在交谈过程中，一个岔题机会往往是稍纵即逝。

4.超越

用以岔题的新话题，自身的新奇性和对方需求性方面，都要大大地超过原来的话题，这样才能收到良好的效果。新话题刺激强度愈大，对原来话题的注意淡化愈快，岔题愈容易成功。

我们这里所讲的岔题艺术，是在交谈中正确运用的心理活动规律，巧妙地避开一切不利因素，促使沟通在和谐热烈的气氛中顺利进行。